영재의 탄생

THE **WORLD**
ALMANAC
FOR KIDS

삼성출판사
samsungbooks.com

미국식 창의 영재 훈련법

1. 두툼한 학습지 한 권으로 단번에 끝장내요.

한 권 안에 아홉 가지 학습 영역이 고루 들어 있어 다양한 학습이 가능해요.
하루 한 장! 부담 없이 풀고 싶은 문제를 풀며 성취감을 느껴 보세요.

2. 200문제 하나하나를 놀이하듯 재미있게 풀며 두뇌 훈련을 해요.

200문제가 모두 다르고 새로워서 매일매일 문제를 푸는 것이 즐거워요.
도넛으로 덧셈도 하고, 호기심을 자극하는 수수께끼도 풀면서 창의력을 키워요.

3. 다양한 영역별 학습으로 만 3세에 꼭 필요한 내용을 짚어 줘요.

창의력 향상과 두뇌 계발을 돕는 '창의', 'IQ', 학습의 기본을 다지는 '언어', '수학' 영역부터
'음식', '탈것', '사회성' 등 흥미로운 영역까지 다양한 분야를 고루 다뤄요.

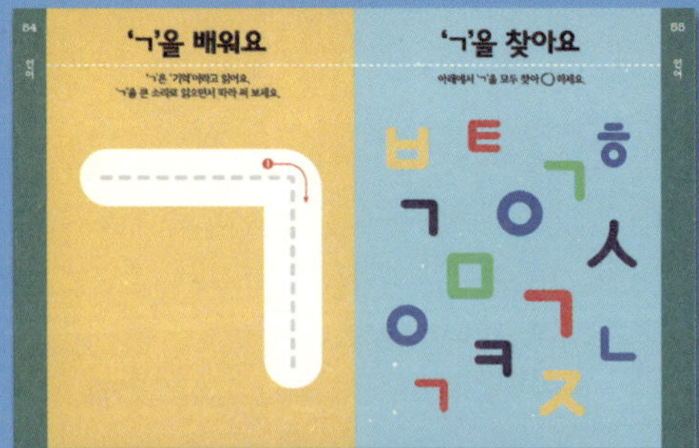

4. 제목만 읽어도 문제의 유형과 답을 쉽게 파악할 수 있어요.

각 문제의 제목은 문제 유형과 답을 찾는 방법을 정확하게 제시하고 있어요.
문제를 읽고 직관적으로 답하는 과정을 통해 사고력을 발달시켜 보세요.

# 만 3세 학습 미리 보기

	학습 목표	활동 내용
창의	이야기의 흐름을 파악해 다음 장면을 상상하고, 지시에 따라 문제를 해결해요.	• 색깔과 모양이 같은 사물 찾기 • 그림을 보고 다음에 일어날 장면 상상하기 • 지시에 따라 문제 해결하기 • 다양한 활동에 어울리는 날씨 찾기
IQ	길이와 넓이, 무게와 양을 비교하고 위와 아래, 앞과 뒤의 위치를 익혀요.	• 키와 길이 비교하기 • 저울로 무게 재고 비교하기 • 위와 아래, 앞과 뒤 개념 익히기 • 많다와 적다 비교하기
언어	ㄱ부터 ㅎ까지 자음을 배워요. 가부터 하까지 따라 쓰고, 기본 낱말을 익혀요.	• ㄱ부터 ㅎ까지 따라 쓰기 • 알맞은 자음 구별하기 • 가부터 하까지 따라 쓰기 • 기본 낱말 익히기
수학	1부터 10까지 수를 따라 쓰며 수의 순서를 익혀요. 사물의 개수를 세고 수의 대소를 비교해요.	• 1부터 10까지 순서대로 수 쓰기 • 10 이하인 사물의 개수 세기 • 사물의 개수를 세고 대소 비교하기 • 동전 개수 세어보기
동물	동물을 사는 곳에 따라 종류별로 분류해요. 동물 몸의 일부를 보고 어떤 동물인지 알아맞혀요.	• 육지 동물과 바다 동물 분류하기 • 부분을 통해 알맞은 동물 찾기 • 동물의 무늬 관찰하기 • 올챙이와 애벌레의 성장 배우기
색 모양	사물이 가진 기본 색깔을 익히고, 동그라미, 세모, 네모를 구별해요.	• 특정한 색을 가진 사물 찾기 • 일곱 가지 무지개 색의 순서 알기 • 동그라미, 세모, 네모를 찾아 색칠하기 • 사물 속에 숨어 있는 모양 따라 그리기
음식	다양한 음식 이름을 익혀요. 몸에 좋은 음식을 알고 올바른 식습관을 길러요.	• 다양한 음식 이름 알기 • 바다에서 나는 음식 찾기 • 여러 가지 채소의 단면 찾기 • 건강에 좋은 음식 구별하기
탈것	각 탈것에 어울리는 물건과 사람을 찾고, 위급 상황 시 필요한 탈것을 배워요.	• 위험에 처했을 때 필요한 탈것 찾기 • 탈것과 어울리는 직업 및 장소 찾기 • 탈것 수수께끼 맞히기 • 다양한 중장비차의 기능 배우기
사회성	정리 정돈, 때와 장소에 어울리는 옷차림 등의 생활 습관과 공공 예절을 배워요.	• 사물을 기능에 따라 분류하고 정리하기 • 추울 때 입는 옷과 더울 때 입는 옷 구분하기 • 집 안 물건이 있어야 할 올바른 장소 찾기 • 다양한 직업과 하는 일 알기

목차

→ 창의 ←

쌍둥이 집 찾기

연우와 지호의 집은 색깔과 모양이 똑같아요.
연우와 지호의 집을 찾아 빈칸에 ◯ 하세요.

물고기 무늬 찾기

무늬가 다양한 물고기들이 헤엄을 치고 있어요.
빨간색 점이 있는 물고기를 찾아 빈칸에 ◯ 하세요.

다음 장면 상상하기 1

뉴스에서 날씨를 알려 주는 아저씨의 머리 위에
먹구름이 가득 몰려오고 있어요.

다음에 일어날 장면을 찾아 ◯ 하세요.

다음 장면 상상하기 2

윤정이는 주인공이 생일을 맞은 내용의 동화책을 읽다가
그만 잠이 들고 말았어요.

아래 그림 중에서 다음 장면을 찾아 빈칸에 ◯ 하세요.

알맞은 간식 찾기

엄마는 정훈이에게 간식으로 빨간색 과일을 주셨어요.
정훈이가 먹을 간식을 찾아 ◯ 하세요.

포도

오렌지

바나나

사과

누구의 무늬일까요?

동물들의 다양한 무늬를 사진으로 찍었어요.
사진 속 무늬에 알맞은 동물을 찾아 선으로 이어 보세요.

기린

얼룩말

치타

더 빨리 녹아요

혜지와 혜진이가 아이스크림을 떨어뜨렸어요.
혜지는 쨍쨍한 햇볕 아래에, 혜진이는 나무 그늘에 떨어뜨렸네요.
누구의 아이스크림이 더 빨리 녹을지 생각해 보고 빈칸에 ◯ 하세요.

혜지

혜진

밤에만 보여요

아래에서 밤에만 볼 수 있는 것들을 모두 찾아 ◯ 하세요.

해

달

무지개

별

똑같은 달걀 찾기

도원이는 무늬가 똑같은 달걀을 2개씩 가지고 있어요.
똑같은 달걀을 찾아 선으로 이어 보세요.

쌍둥이 기차 찾기

기차가 색색의 박스를 싣고 힘차게 달려요.

위 기차와 박스의 색깔 순서가 같은 기차를 찾아 빈칸에 ◯ 하세요.

생김새가 달라요

아래 강아지들 중에서 생김새가 다른
강아지 한 마리를 찾아 ○ 하세요.

발 모양이 같아요

시은이는 열심히 발레 연습을 하고 있어요.
시은이와 똑같은 발 모양을 찾아 ◯ 하세요.

잃어버린 양말 찾기

여우가 양말을 잃어버렸어요.
여우의 양말을 모두 찾아 ○ 하세요.

힌트 : 여우는 발이 4개예요.

신발 짝 찾기

지후의 신발들이 뒤죽박죽 섞여 있어요.
각 신발의 짝을 찾아 선으로 이어 보세요.

똑같은 벌레 찾기

아래에서 모양과 크기가 똑같은 벌레를
찾아 선으로 이어 보세요.

빨간색 악기 찾기

음악을 연주하는 데 쓰는 악기들이 모여 있어요.
아래 악기 중에서 빨간색 악기를 모두 찾아 ◯ 하세요.

색깔이 같아요

나는 몸이 흐늘흐늘한 해파리예요.

아래에서 나와 색깔이 똑같은 해파리를 모두 찾아 ◯ 하세요.

색깔이 달라요

나는 몸이 실처럼 가느다란 물고기예요.

아래에서 나와 색깔이 다른 물고기를 모두 찾아 ✕ 하세요.

짝을 찾아 주세요 1

미나는 똑같은 동물의 사진을 2장씩 모아요.
짝을 찾지 못한 동물의 사진을 찾아 ◯ 하세요.

돌고래

북극곰

물개

바다코끼리

돌고래

물고기

북극곰

물개

바다코끼리

짝을 찾아 주세요 2

나는 등딱지가 아주 크고 단단한 바다거북이에요.

아래에서 나와 생김새가 똑같은 바다거북을 모두 찾아 ◯ 하세요.

어울리는 날씨 찾기

각 활동에 어울리는 날씨를 찾아 선으로 이어 보세요.

기린 키 비교하기

기린들이 일렬로 줄을 서 있어요.
아래 빈칸에 키가 가장 큰 기린에는 ○,
키가 가장 작은 기린에는 ✕ 하세요.

가장 긴 사다리 찾기

높은 건물에 난 불을 끄려면 길이가 긴 사다리가 필요해요.
가장 긴 사다리가 있는 소방차를 찾아 빈칸에 ◯ 하세요.

가장 긴 팔찌 찾기

세영이는 팔찌를 길이 순서대로 정리하려고 해요.
길이가 가장 긴 팔찌를 찾아 ✓ 하세요.

가장 넓은 연못 찾기

오리들이 연못에서 놀고 있어요.
가장 넓은 연못에 있는 오리들을 찾아 ◯ 하세요.

알맞은 색깔 찾기

꿀벌이 꿀을 먹으러 꽃을 찾아왔어요.
아래에서 키가 가장 큰 꽃의 색깔을 찾아 ○ 하세요.

조금만 먹어요

다정이는 배가 불러서 아이스크림을 조금만 먹고 싶어요.
아래에서 가장 양이 적은 아이스크림을 찾아 빈칸에 ◯ 하세요.

더 무거워요

저울은 무게가 더 무거운 쪽으로 기울어요.
각 저울에서 더 무거운 쪽 물건에 ◯ 하세요.

더 많아요

유리컵, 꽃병, 어항에 각각 물이 들어 있어요.
각 줄에서 물이 가장 많이 들어 있는 것을 찾아 ◯ 하세요.

가장 큰 파도 찾기

바다에서 넘실넘실 파도가 쳐요.
가장 큰 파도를 찾아 빈칸에 ◯ 하세요.

차가 몇 대 있나요?

주차장 안에 있는 차를 세어 보고 알맞은 숫자를 찾아 ◯ 하세요.

1 2 3 4 5

주차장 밖에 있는 차를 세어 보고 알맞은 숫자를 찾아 ✕ 하세요.

1 2 3 4 5

코끼리 위와 아래

원숭이들이 코끼리 주위에서 신 나게 놀고 있어요.
코끼리 위에 있는 원숭이에는 ○,
코끼리 아래에 있는 원숭이에는 ✕ 하세요.

사슴 앞과 뒤

원숭이들이 사슴 주위에서 재미있게 놀고 있어요.
사슴 앞에 있는 원숭이에는 ◯,
사슴 뒤에 있는 원숭이에는 ✕ 하세요.

장난감 위치 찾기

진수는 장난감을 가지런히 정리해 놓았어요.
공룡 장난감이 있는 맨 위 칸에는 〇,
자동차 장난감이 있는 맨 아래 칸에는 ✕ 하세요.

물고기 위치 찾기

무서운 상어를 피해 물고기들이 도망치고 있어요.
상어 위에서 도망치는 물고기에는 ◯,
상어 아래에서 도망치는 물고기에는 ✕ 하세요.

맨 뒤에 있어요

자동차들이 일렬로 줄을 서 있어요.
각 줄에서 맨 뒤에 있는 자동차를 찾아 각각 ◯ 하세요.

어울리지 않는 동물

아래 동물 중에서 한 마리는 나무 위에 올라갈 수 없어요.
나무 위와 어울리지 않는 동물을 찾아 ✕ 하세요.

숫자 규칙 찾기

숫자들이 규칙에 맞춰 줄을 서 있어요.
규칙에 따라 빈칸에 알맞은 숫자를 써 보세요.

5 4 2 5 4 2 5 4 2 5 4 2 5 4 2

잃어버린 다리 찾기

공룡들이 뒷다리를 잃어버렸어요.
공룡의 잃어버린 다리를 찾아 선으로 이어 보세요.

색깔을 맞혀요

다음 수수께끼를 풀고 알맞은 색깔에 ◯ 하세요.

나는 개구리의 몸 색깔이에요.
나는 완두콩에서도 볼 수 있어요.
나는 나뭇잎에서 쉽게 볼 수 있는 색깔이에요.

나는 무슨 색깔일까요?

주황

빨강

파랑

초록

나는 무엇일까요?

다음 수수께끼를 풀고 알맞은 그림에 ◯ 하세요.

나는 하늘을 날 수 있어요.
나는 자동차나 기차보다 훨씬 빨라요.
나는 한 번에 많은 사람을 태울 수 있어요.

나는 무엇일까요?

열기구

비행기

배

버스

알맞은 발명품 찾기

발명품은 우리의 생활을 편리하게 해 줘요.
아래에서 우리가 쉽고 빠르게 이동할 수 있도록 도와주는
발명품을 모두 찾아 ◯ 하세요.

가운데 원숭이 찾기

원숭이 3마리가 폴짝 뛰어올랐어요.
가운데에 있는 원숭이를 찾아 빈칸에 ◯ 하세요.

가운데에 있는 원숭이의 몸 색깔을 나타낸 낱말을 찾아 ◯ 하세요.

빨강　　　주황　　　노랑

초록　　　파랑　　　보라

우리 몸 이름 알기

우리 몸에는 여러 부위가 있어요.
그림을 보고 각 부위에 알맞은 이름을 찾아 선으로 이어 보세요.

우리 몸 수수께끼

다음 수수께끼를 풀고 알맞은 그림에 ◯ 하세요.

나는 폴짝폴짝 뛸 수 있어요.
나는 이곳저곳을 이동할 수 있게 해 줘요.
나는 우리 몸이 똑바로 설 수 있게 균형을 잡아 줘요.

나는 무엇일까요?

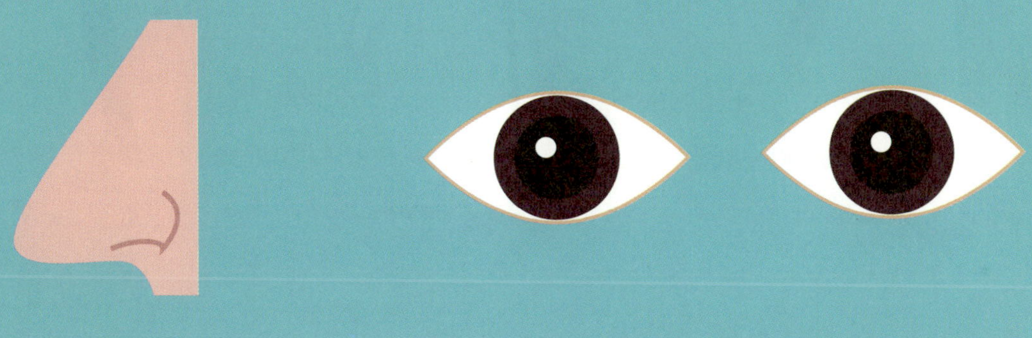

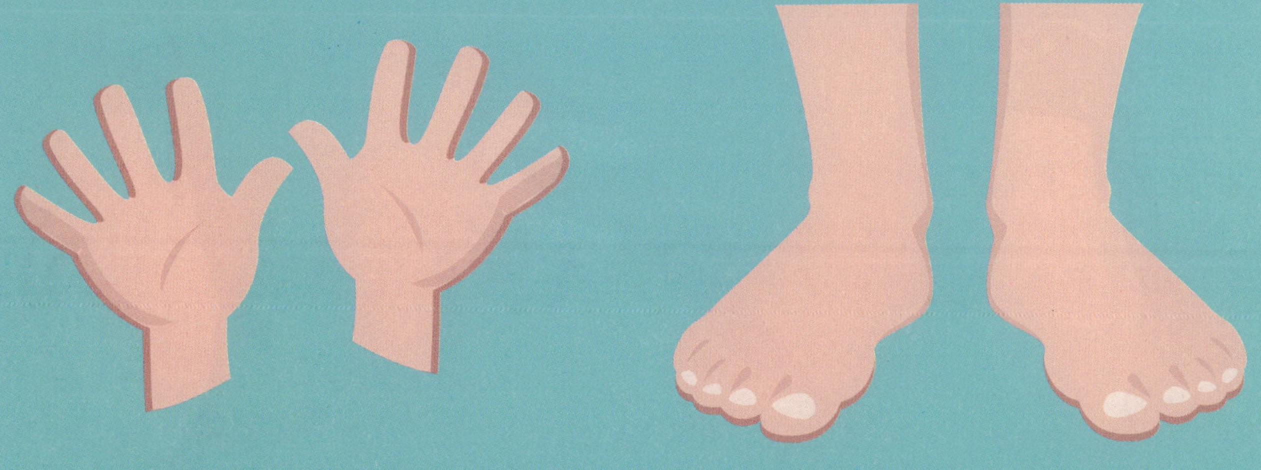

남극에 사는 펭귄

남극에 사는 펭귄은 땅에서는 걷고, 바닷속에서는 헤엄을 쳐요.
다음 중 노란 깃털이 있는 펭귄에는 ◯,
펭귄이 아닌 새에는 ✕ 하세요.

언어

'ㄱ'을 배워요

'ㄱ'은 '기역'이라고 읽어요.
'ㄱ'을 큰 소리로 읽으면서 따라 써 보세요.

'\ㄱ'을 찾아요

아래에서 'ㄱ'을 모두 찾아 ◯ 하세요.

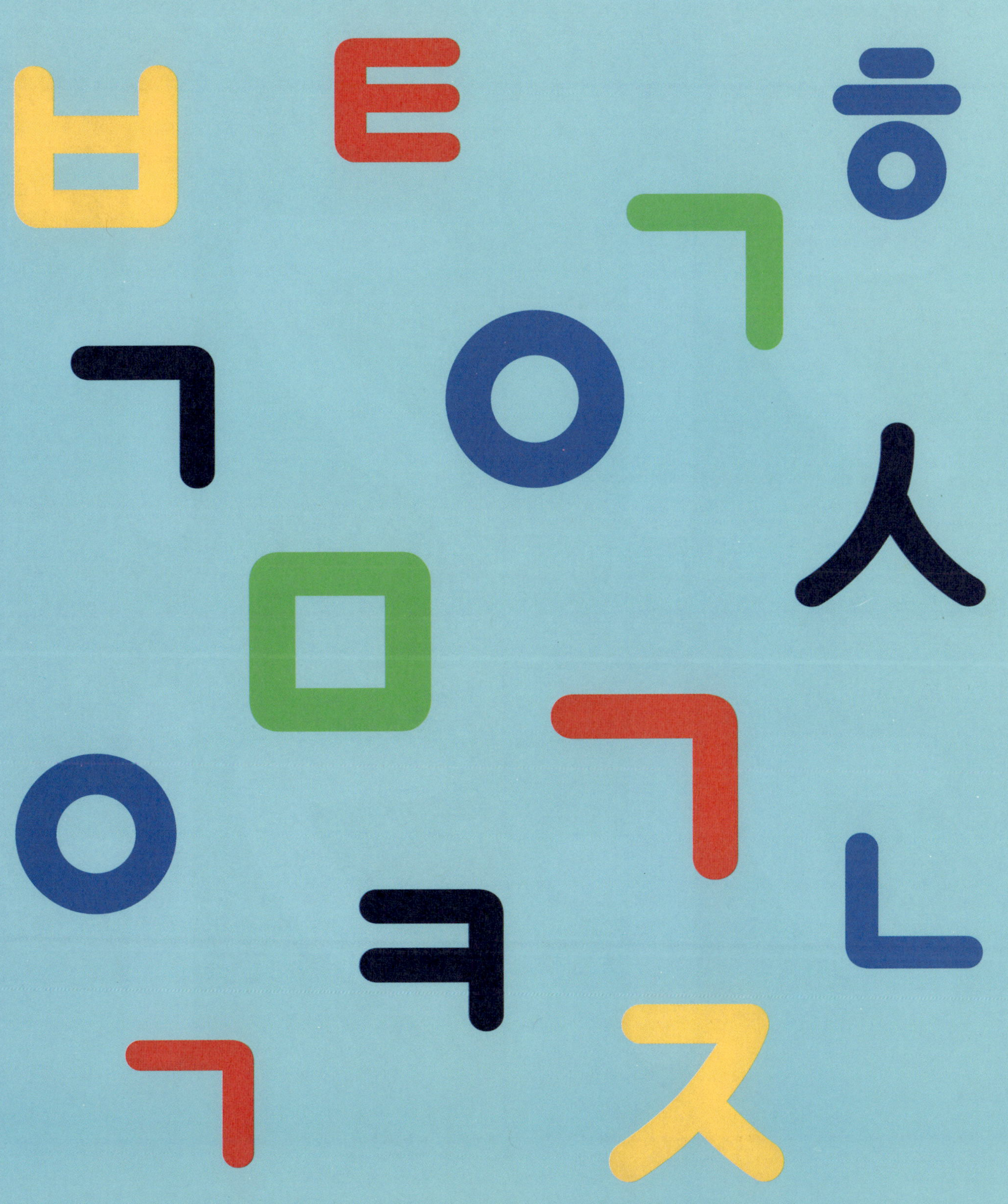

'가'를 배워요

'가'를 큰 소리로 읽어 보세요.
그리고 순서에 맞게 따라 써 보세요.

'가'로 시작해요

'가'로 시작하는 낱말을 모두 찾아 ◯ 하세요.

사과

가위

가방

당근

'느'을 배워요

'느'은 '니은'이라고 읽어요.
'느'을 큰 소리로 읽으면서 따라 써 보세요.

'└'을 찾아요

아래에서 'ㄴ'을 모두 찾아 ✕ 하세요.

'나'를 배워요

'나'를 큰 소리로 읽어 보세요.
그리고 순서에 맞게 따라 써 보세요.

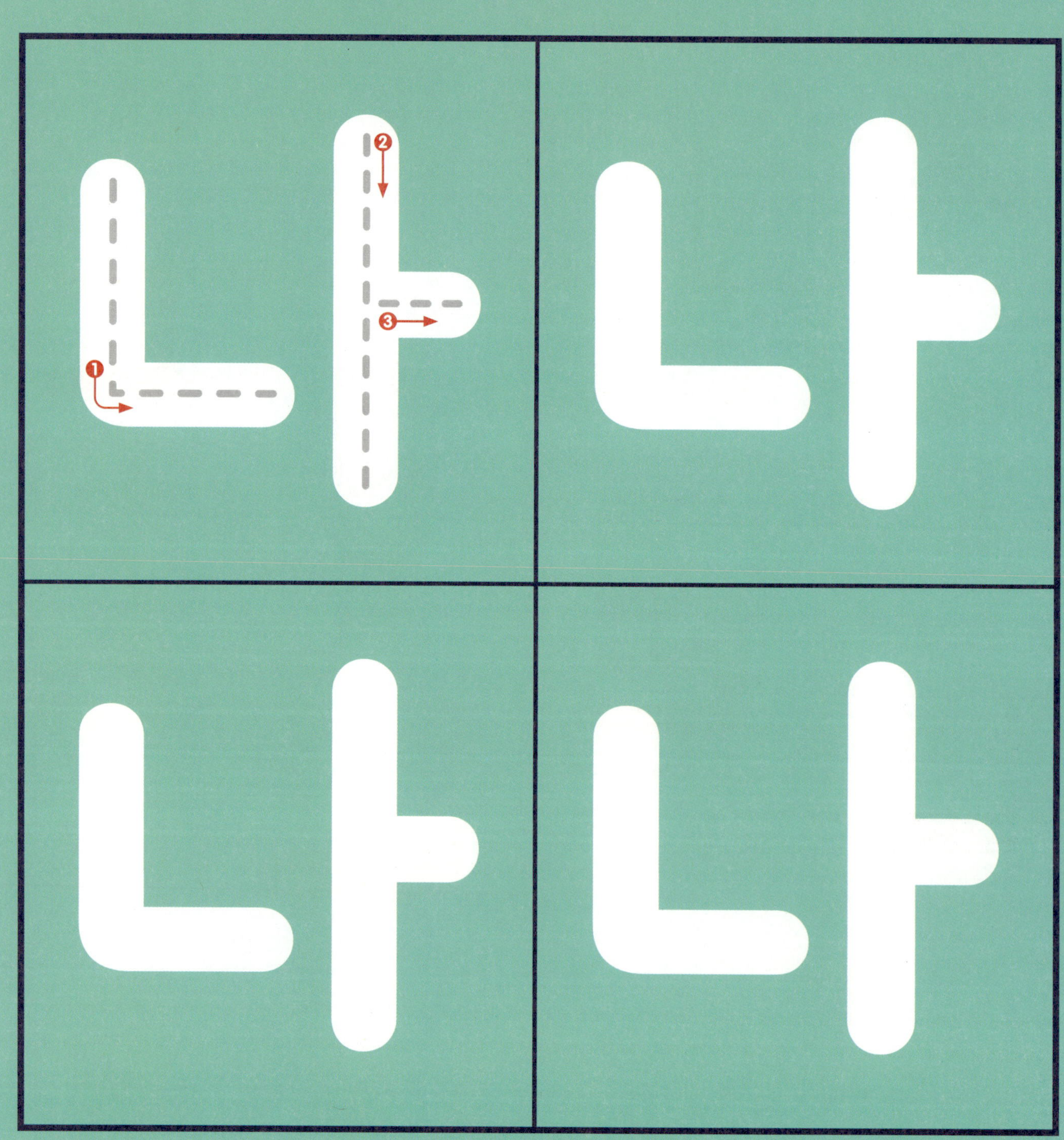

'나'로 시작해요

'나'로 시작하는 낱말을 모두 찾아 ◯ 하세요.

양말

나비

나무

기타

‘ㄷ’을 배워요

‘ㄷ’은 ‘디귿’이라고 읽어요.
‘ㄷ’을 큰 소리로 읽으면서 따라 써 보세요.

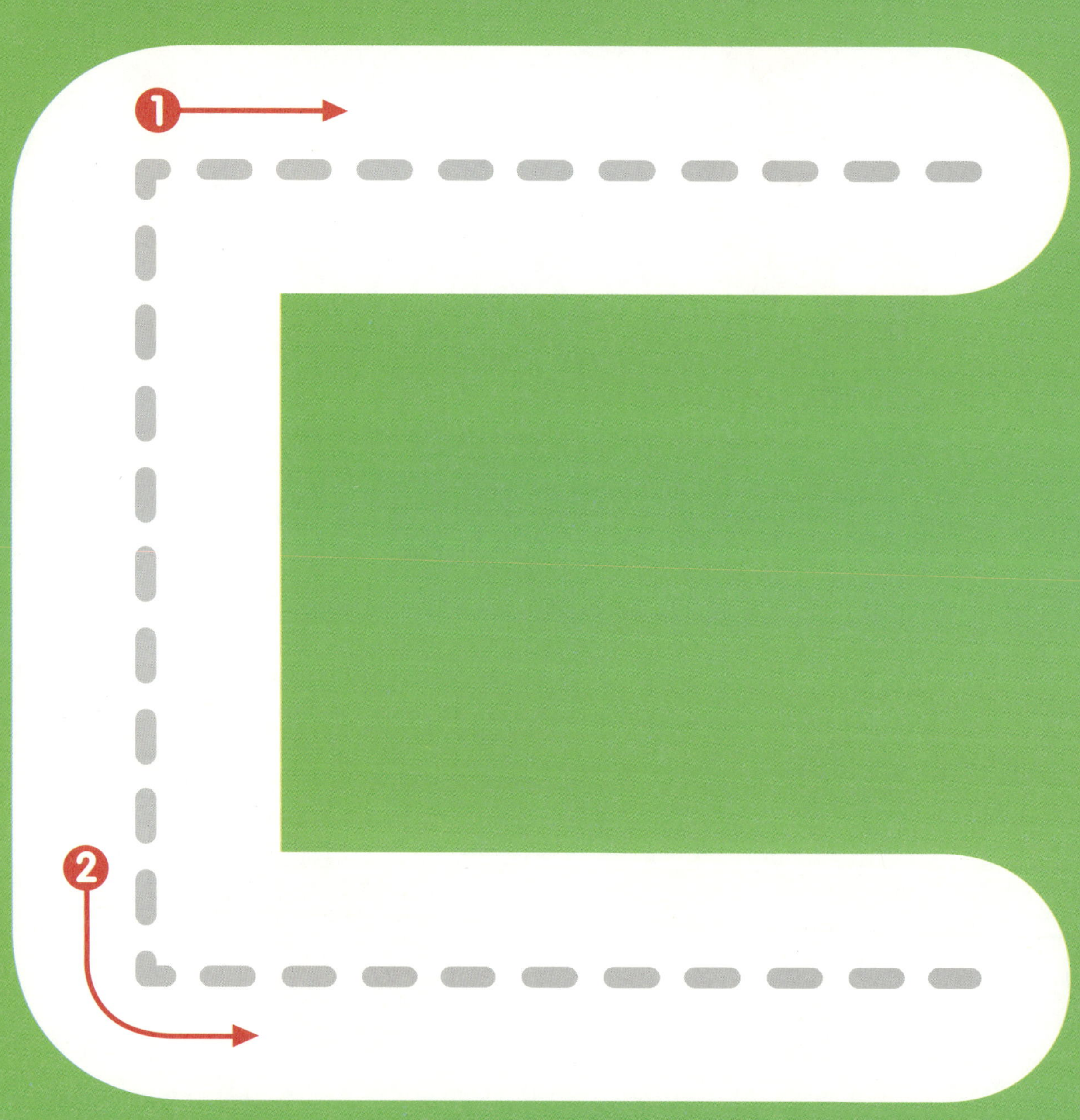

'ㄷ'을 찾아요

아래에서 'ㄷ'을 모두 찾아 ◯ 하세요.

'다'를 배워요

'다'를 큰 소리로 읽어 보세요.
그리고 순서에 맞게 따라 써 보세요.

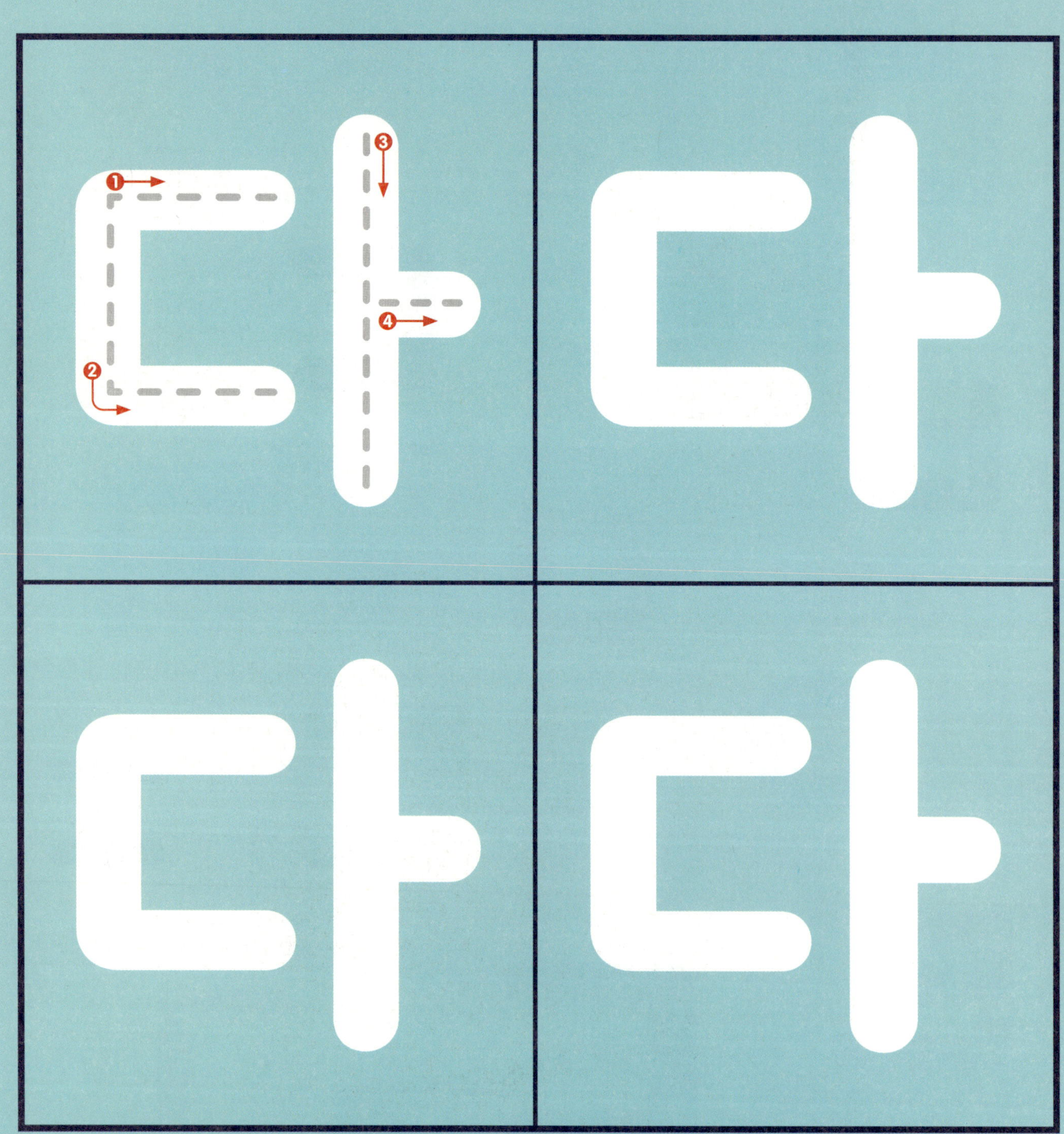

'다'로 시작해요

'다'로 시작하는 낱말을 모두 찾아 ◯ 하세요.

다람쥐

돌고래

우산

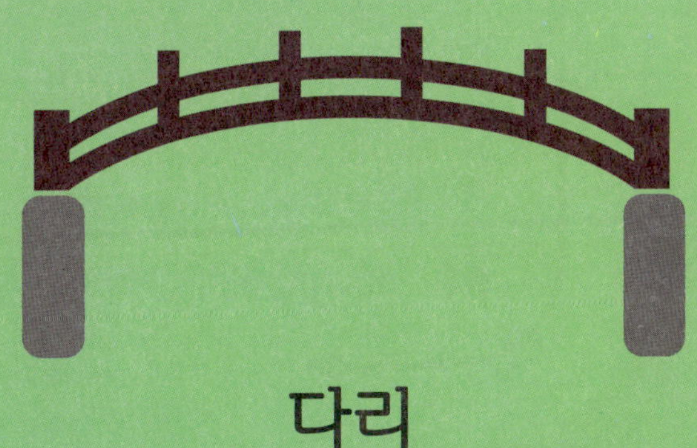

다리

'**ㄹ**'을 배워요

'ㄹ'은 '리을'이라고 읽어요.
'ㄹ'을 큰 소리로 읽으면서 따라 써 보세요.

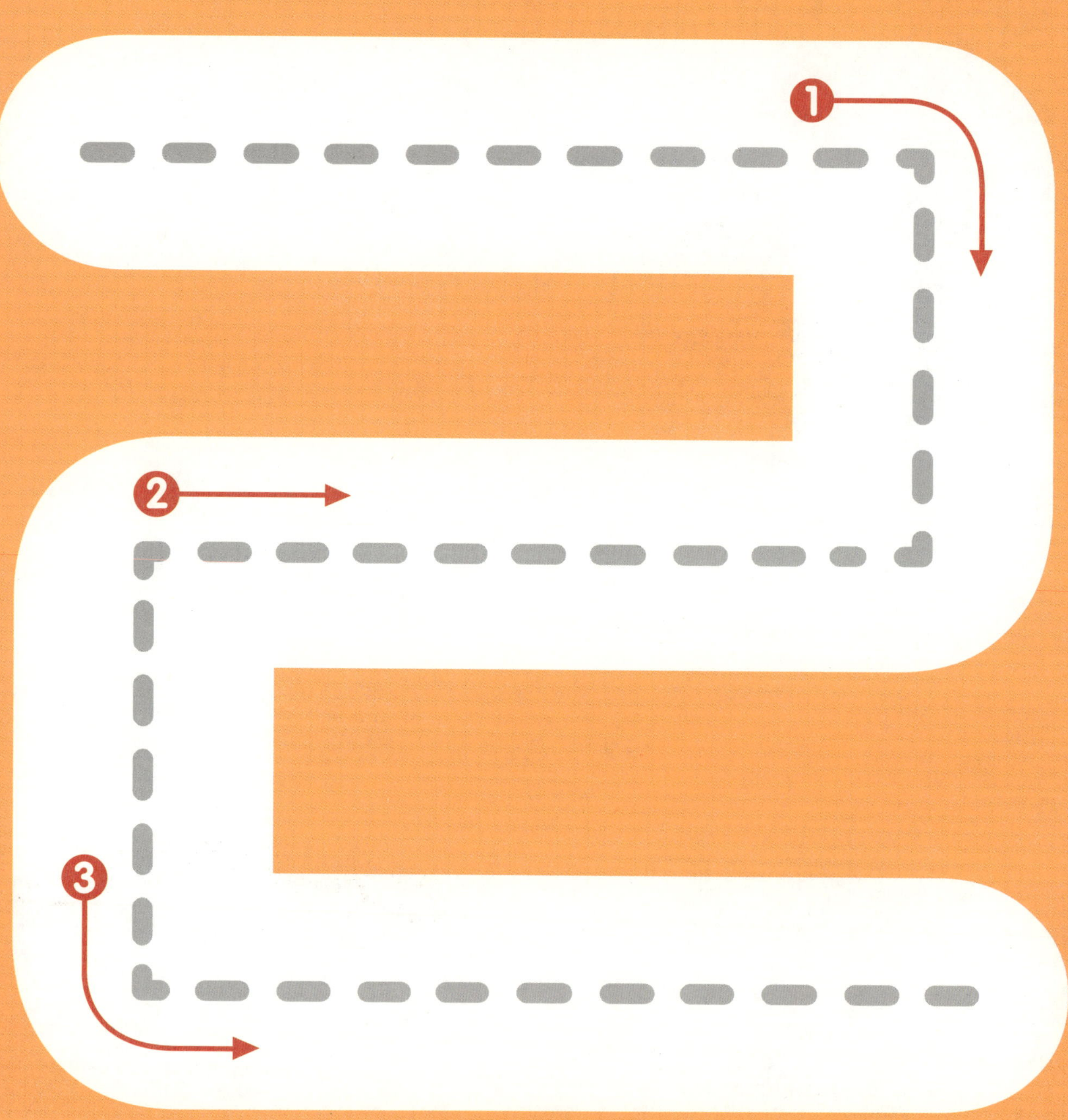

'르'을 찾아요

아래에서 '르'을 모두 찾아 ✕ 하세요.

'라'를 배워요

'라'를 큰 소리로 읽어 보세요.
그리고 순서에 맞게 따라 써 보세요.

'라'로 시작해요

'라'로 시작하는 낱말을 모두 찾아 ◯ 하세요.

오리

라면

라디오

강아지

'口'을 배워요

'口'은 '미음'이라고 읽어요.
'口'을 큰 소리로 읽으면서 따라 써 보세요.

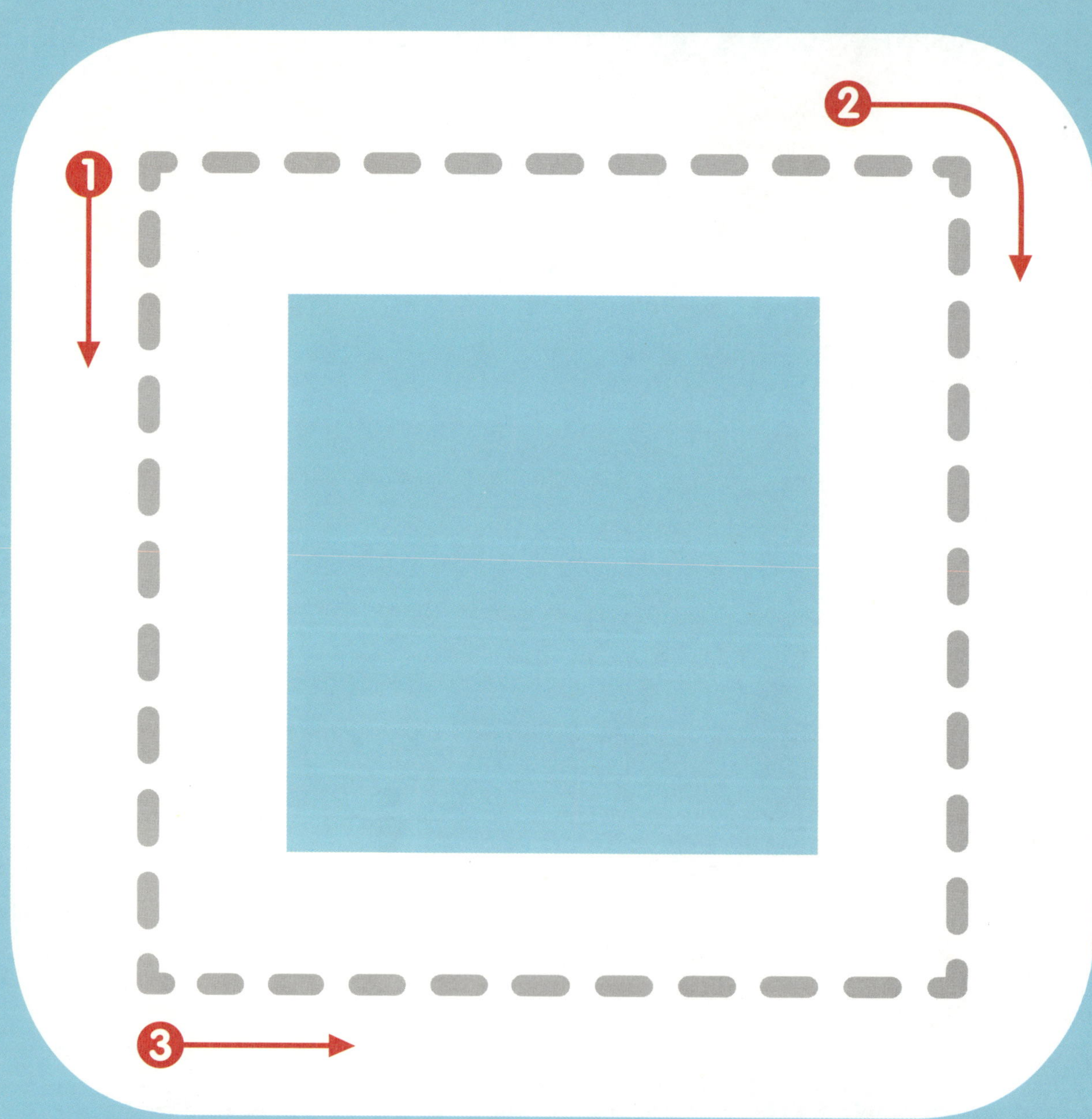

'口'을 찾아요

아래에서 '口'을 모두 찾아 ○ 하세요.

'마'를 배워요

'마'를 큰 소리로 읽어 보세요.
그리고 순서에 맞게 따라 써 보세요.

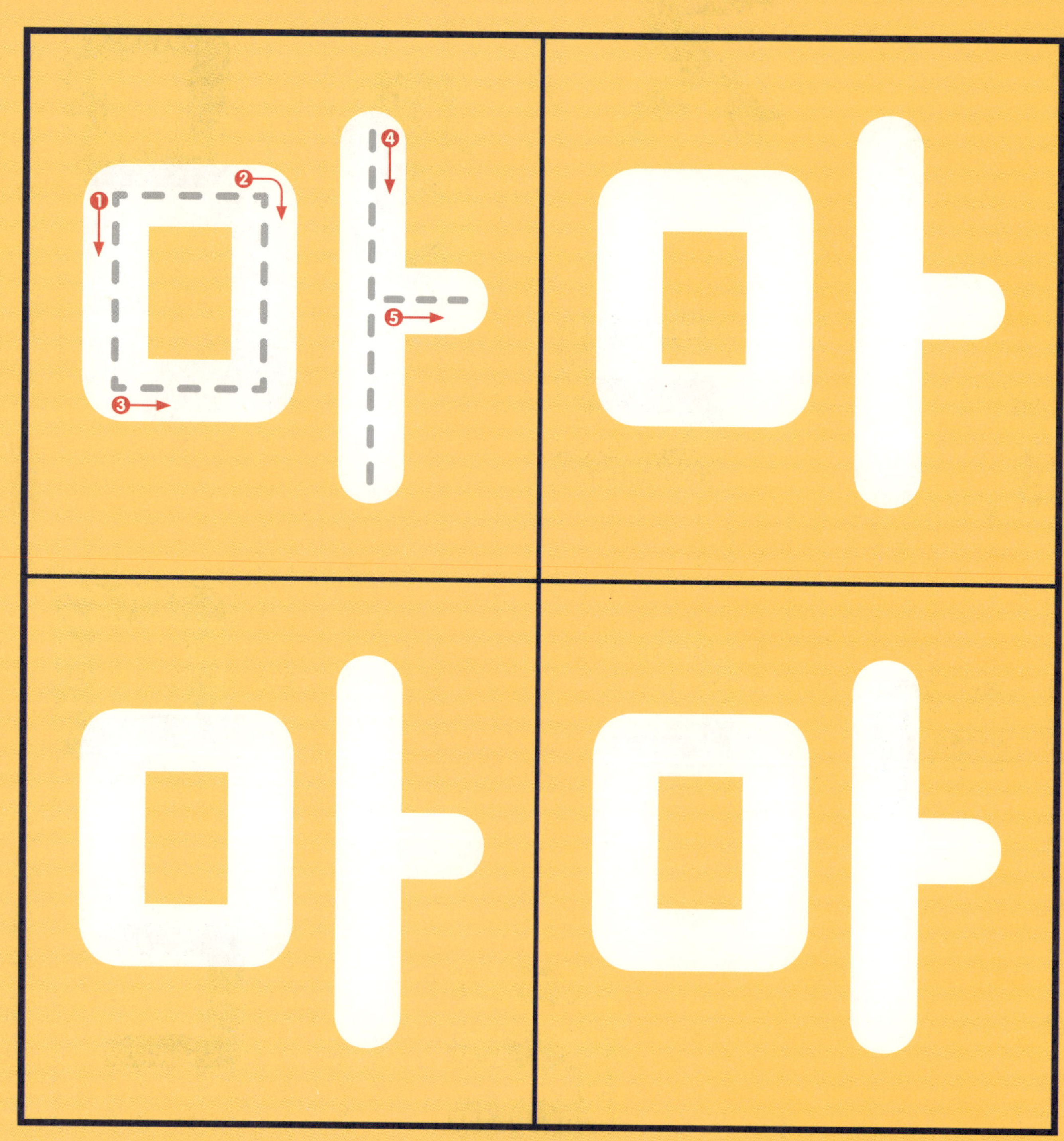

'마'로 시작해요

'마'로 시작하는 낱말을 모두 찾아 ◯ 하세요.

태양

마차

마이크

돼지

'㉫'을 배워요

'㉫'은 '비읍'이라고 읽어요.
'㉫'을 큰 소리로 읽으면서 따라 써 보세요.

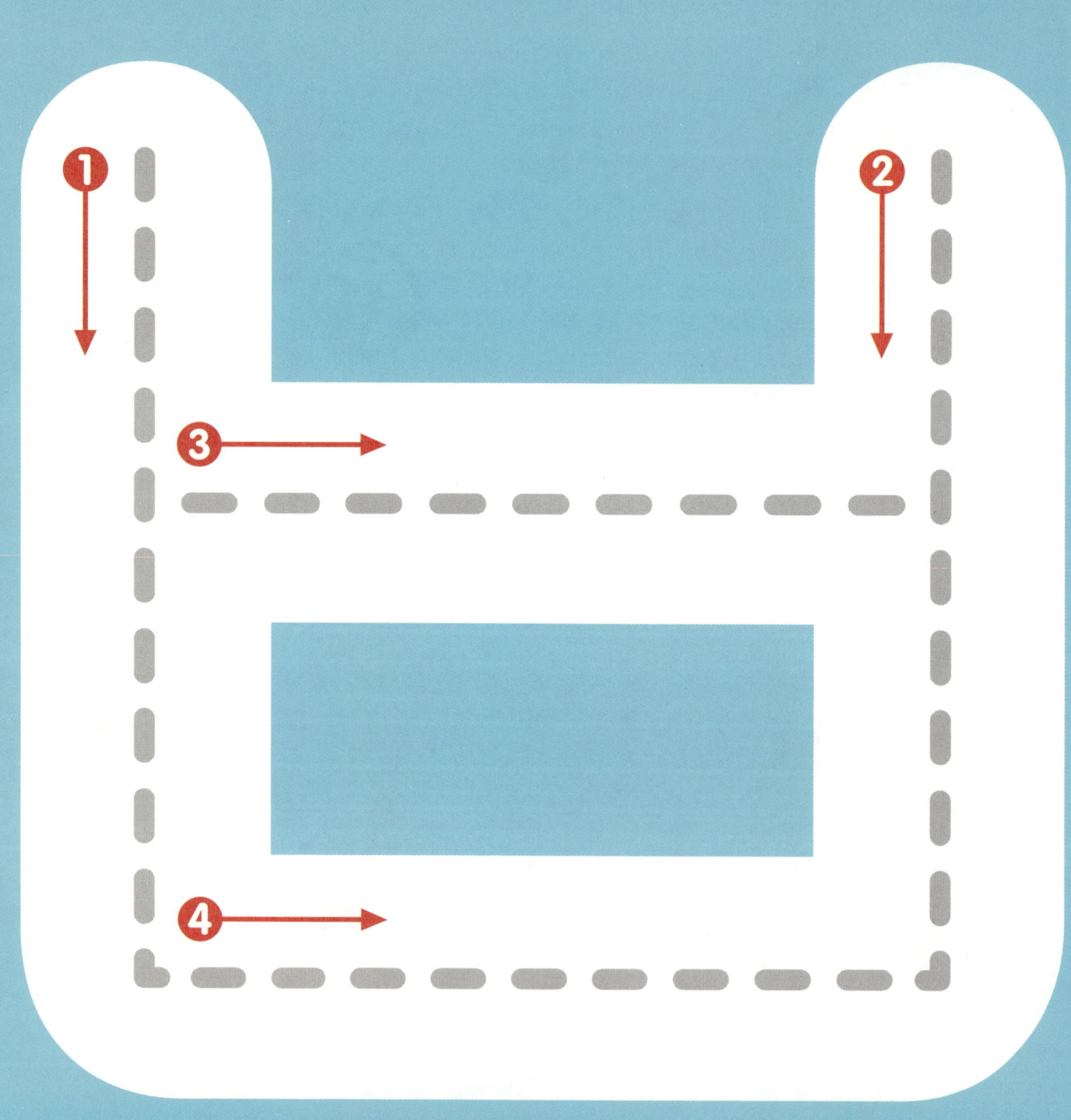

'·ㅂ'을 찾아요

아래에서 'ㅂ'을 모두 찾아 ✕ 하세요.

'바'를 배워요

'바'를 큰 소리로 읽어 보세요.
그리고 순서에 맞게 따라 써 보세요.

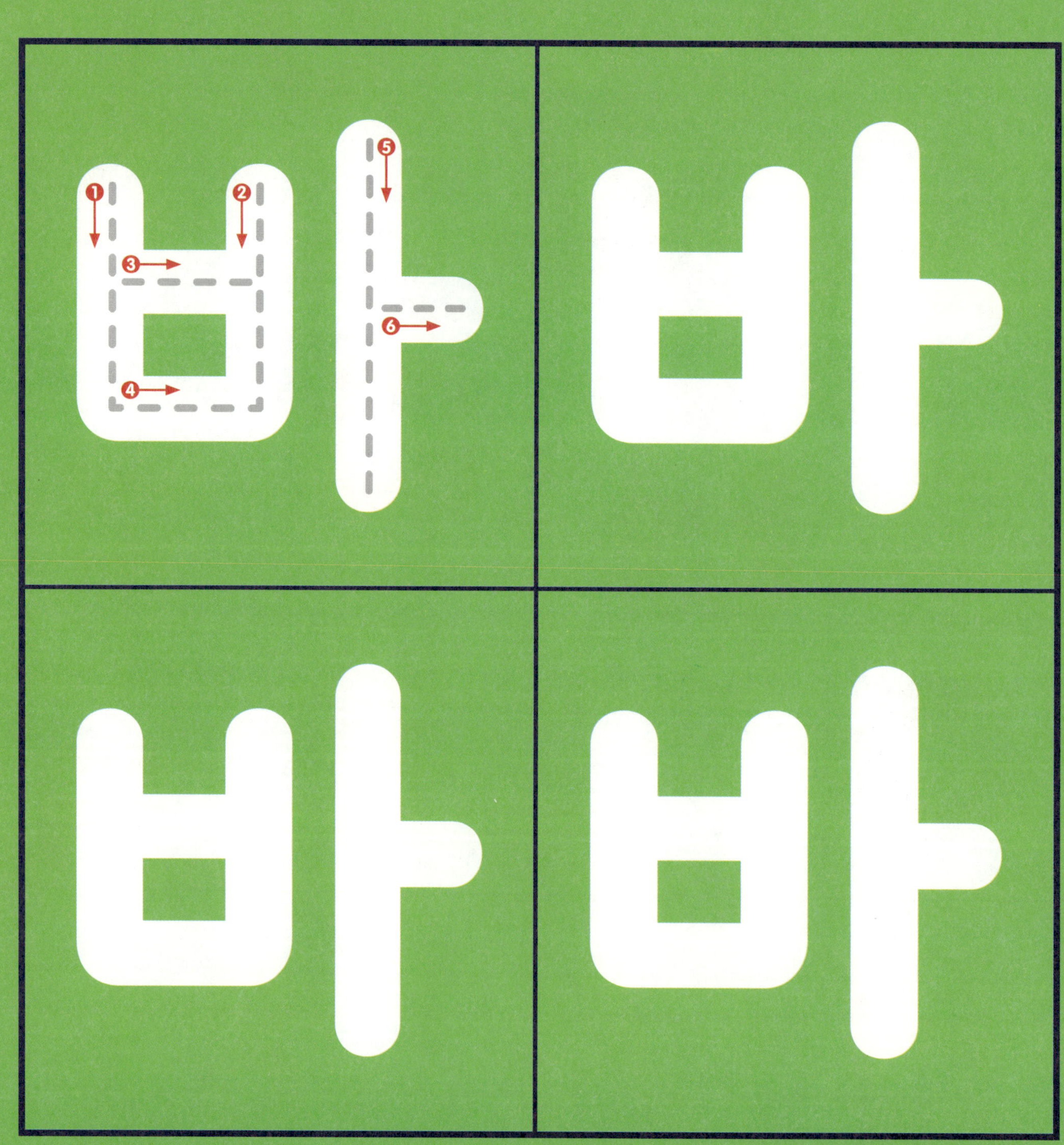

'바'로 시작해요

'바'로 시작하는 낱말을 모두 찾아 ◯ 하세요.

바이올린

실로폰

바나나

버섯

'ㅅ'을 배워요

'ㅅ'은 '시옷'이라고 읽어요.
'ㅅ'을 큰 소리로 읽으면서 따라 써 보세요.

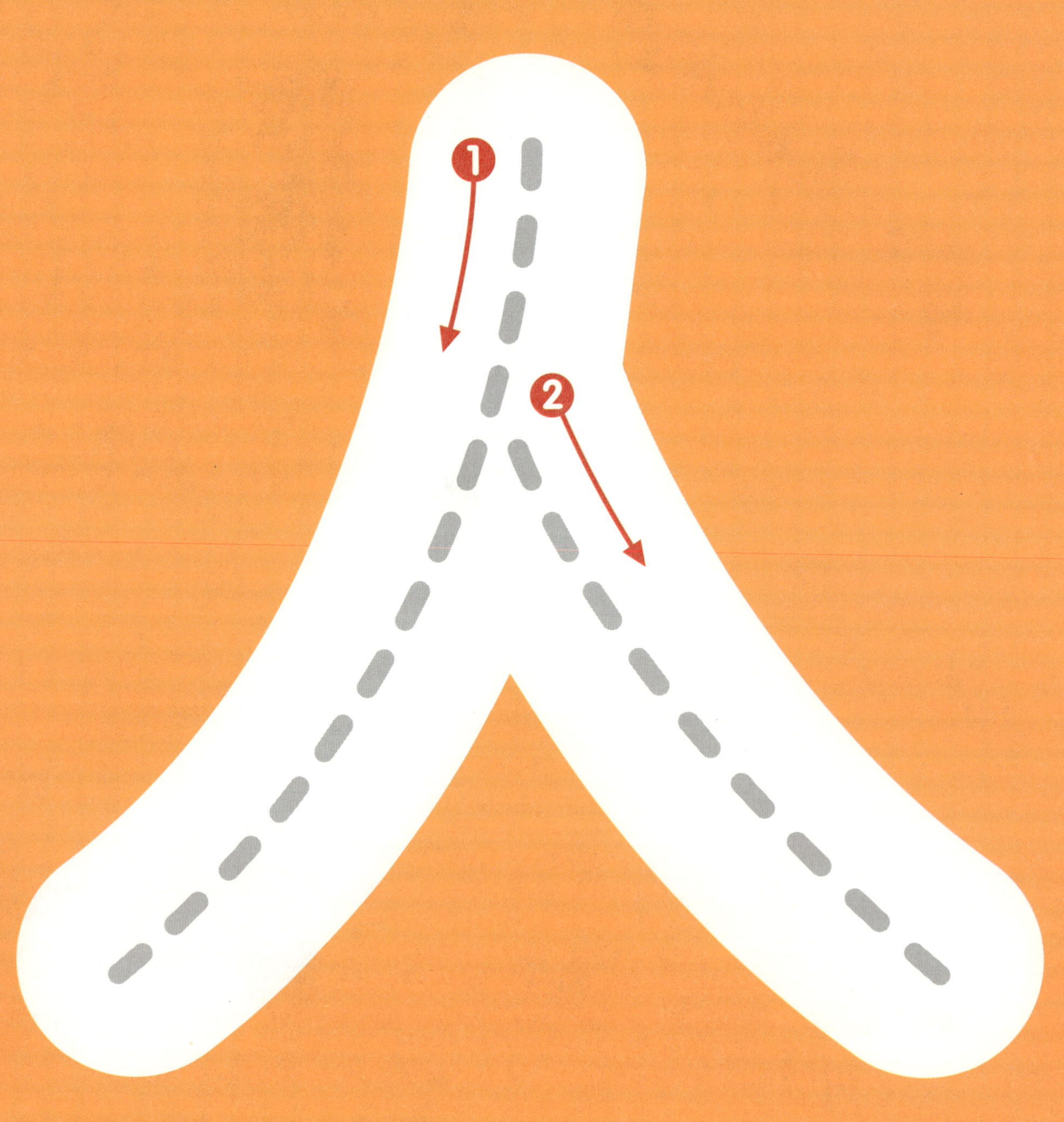

'✕'을 찾아요

아래에서 '✕'을 모두 찾아 ◯ 하세요.

'사'를 배워요

'사'를 큰 소리로 읽어 보세요.
그리고 순서에 맞게 따라 써 보세요.

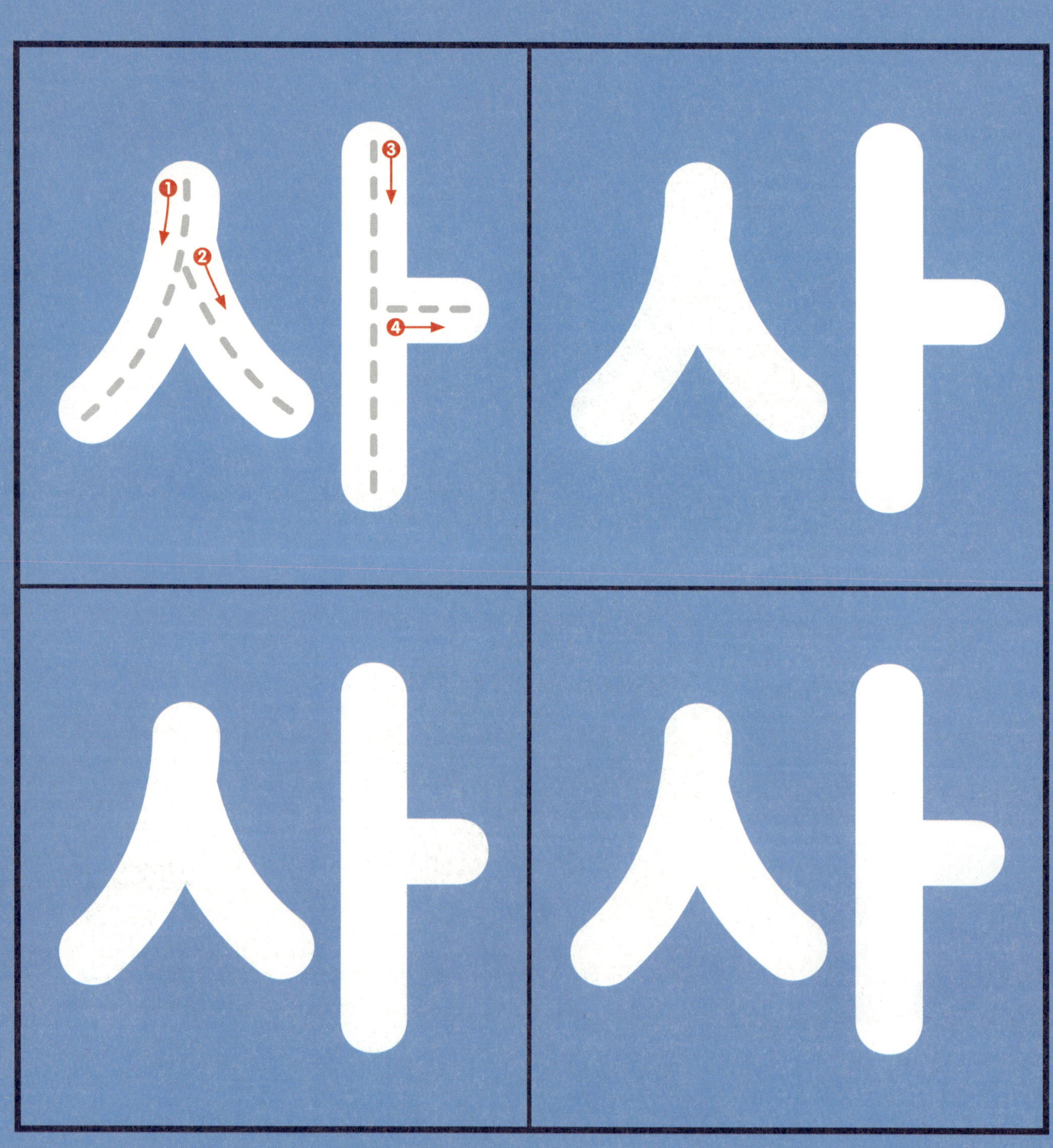

'사'로 시작해요

'사'로 시작하는 낱말을 모두 찾아 ◯ 하세요.

사슴

사탕

스케이트

새우

'ㅇ'을 배워요

'ㅇ'은 '이응'이라고 읽어요.
'ㅇ'을 큰 소리로 읽으면서 따라 써 보세요.

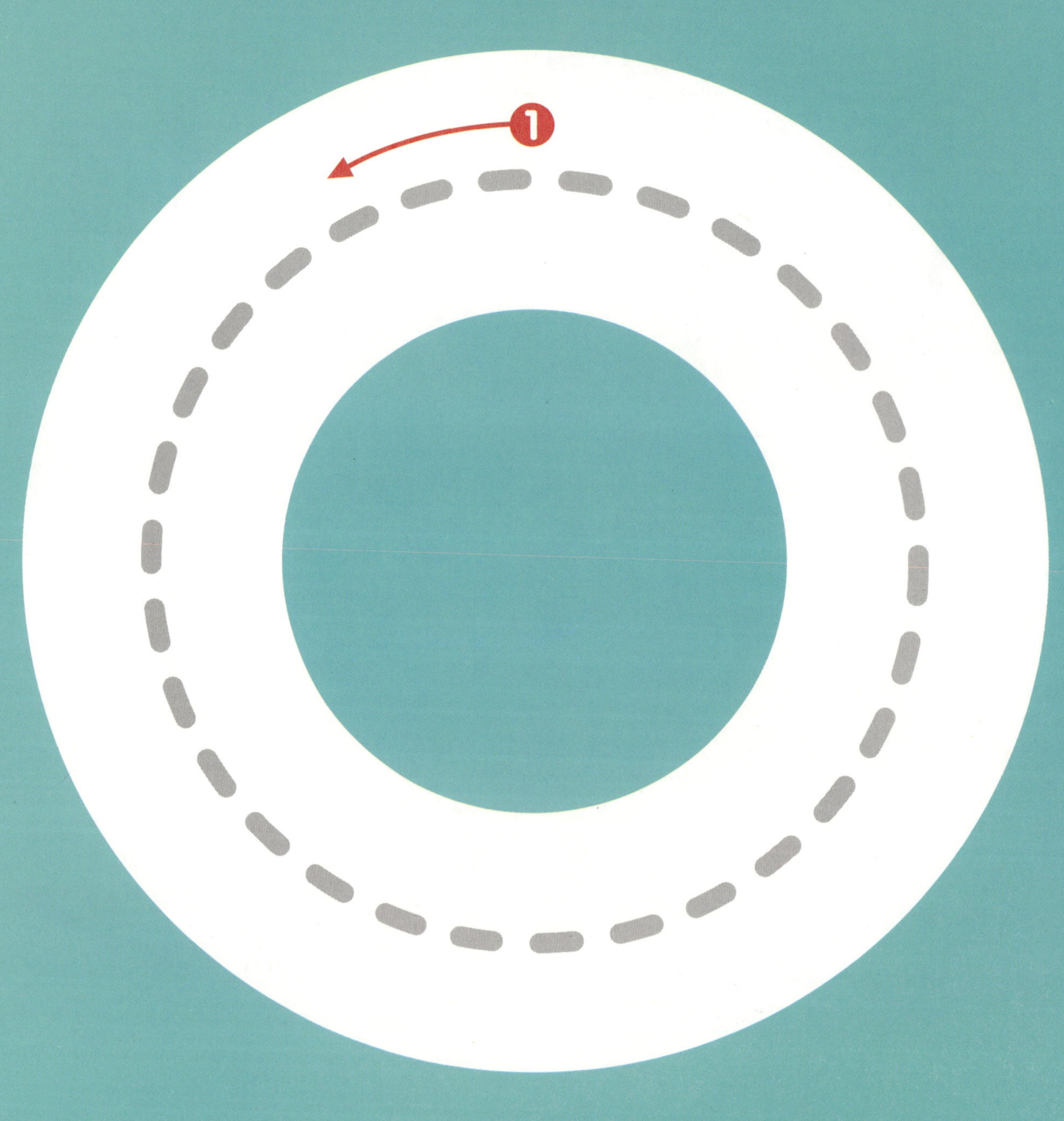

'○'을 찾아요

아래에서 '○'을 모두 찾아 ✕ 하세요.

'아'를 배워요

'아'를 큰 소리로 읽어 보세요.
그리고 순서에 맞게 따라 써 보세요.

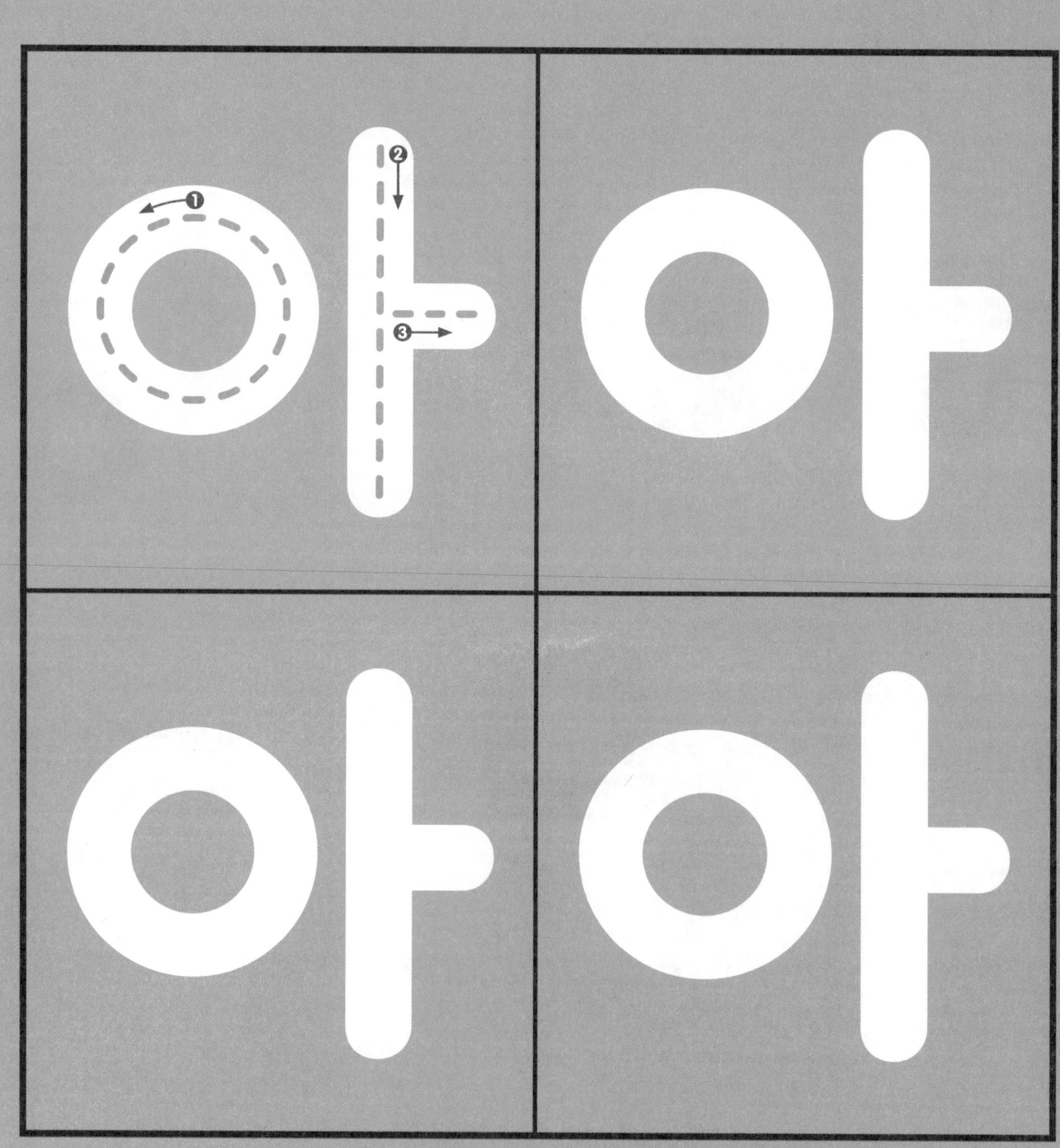

'아'로 시작해요

'아'로 시작하는 낱말을 모두 찾아 ◯ 하세요.

아이스크림

부엉이

아빠

악어

'**ㅈ**'을 배워요

'ㅈ'은 '지읒'이라고 읽어요.
'ㅈ'을 큰 소리로 읽으면서 따라 써 보세요.

'ㅈ'을 찾아요

아래에서 'ㅈ'을 모두 찾아 ○ 하세요.

'자'를 배워요

'자'를 큰 소리로 읽어 보세요.
그리고 순서에 맞게 따라 써 보세요.

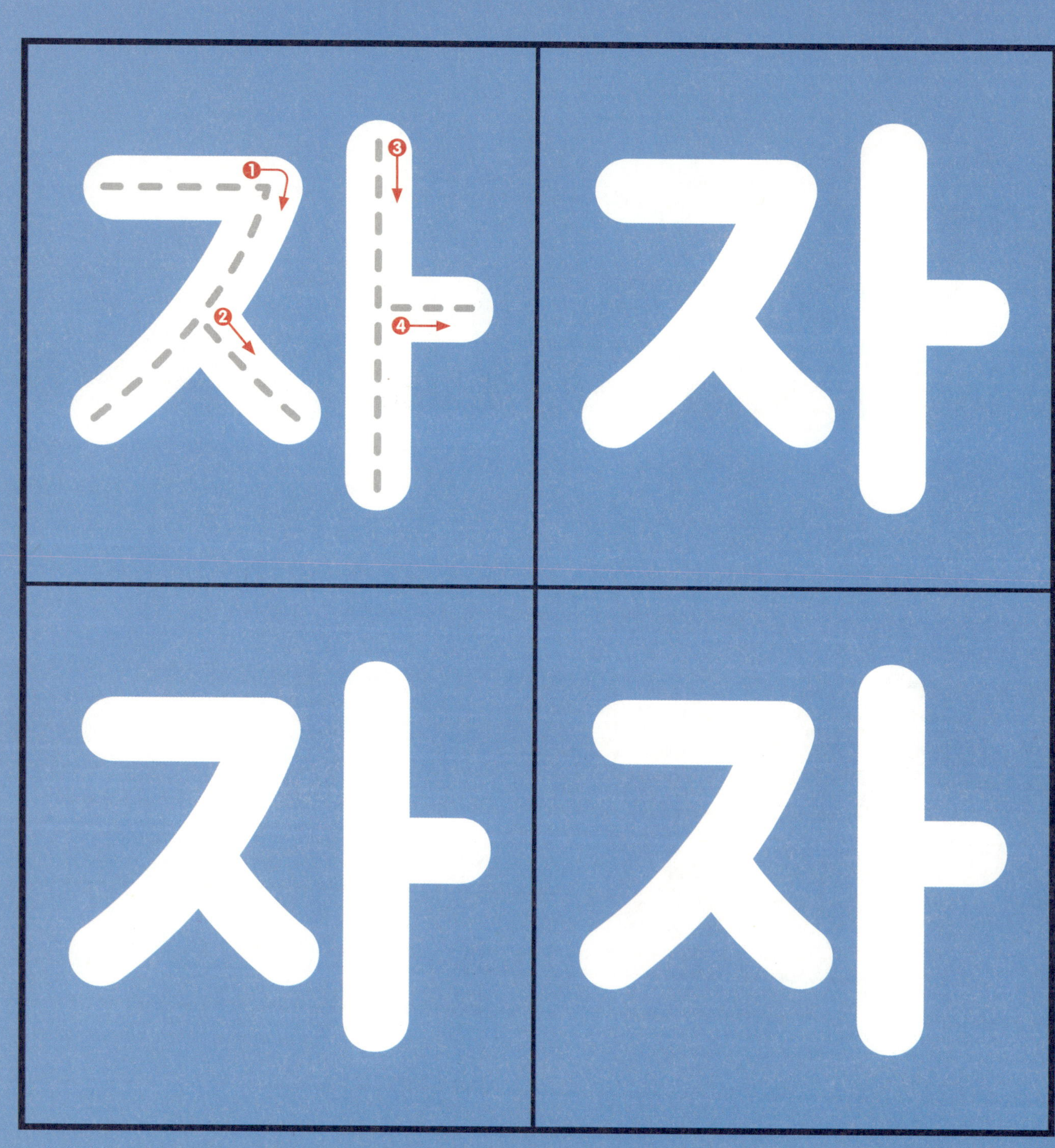

'자'로 시작해요

'자'로 시작하는 낱말을 모두 찾아 ◯ 하세요.

자전거

여왕

자동차

요요

'ㅊ'을 배워요

'ㅊ'은 '치읓'이라고 읽어요.
'ㅊ'을 큰 소리로 읽으면서 따라 써 보세요.

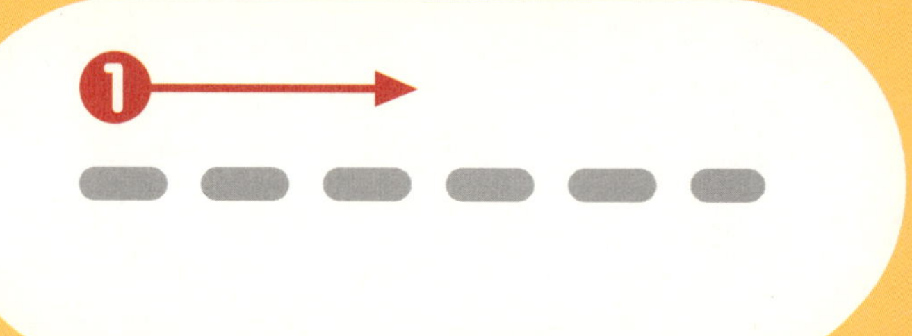

'첫'을 찾아요

아래에서 '첫'을 모두 찾아 ✕ 하세요.

'차'를 배워요

'차'를 큰 소리로 읽어 보세요.
그리고 순서에 맞게 따라 써 보세요.

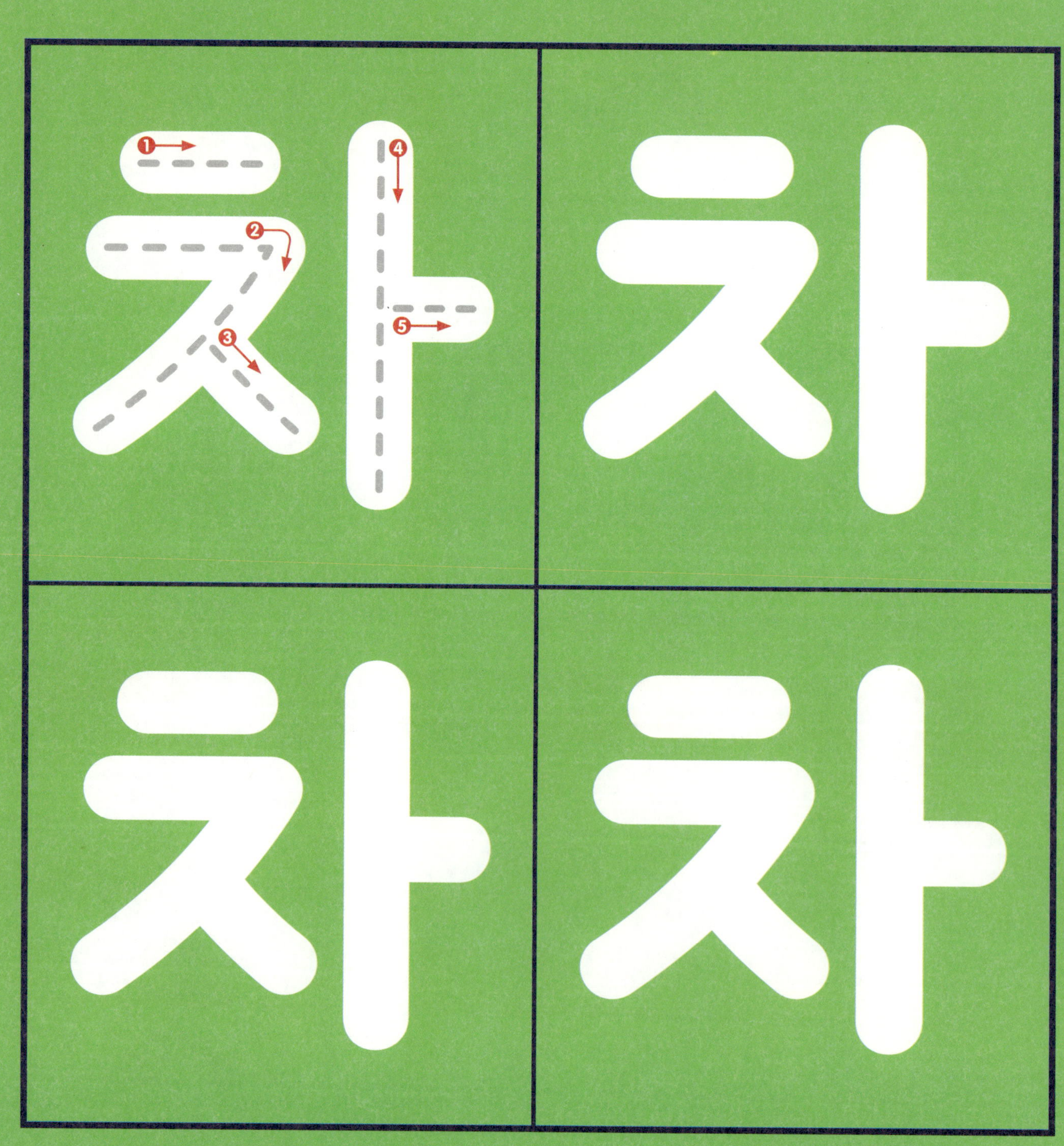

'차'로 끝나요

'차'로 끝나는 낱말을 모두 찾아 ◯ 하세요.

소방차

반지

기차

우유

'ㅋ'을 배워요

'ㅋ'은 '키읔'이라고 읽어요.
'ㅋ'을 큰 소리로 읽으면서 따라 써 보세요.

'∃'을 찾아요

아래에서 '∃'을 모두 찾아 ◯ 하세요.

'카'를 배워요

'카'를 큰 소리로 읽어 보세요.
그리고 순서에 맞게 따라 써 보세요.

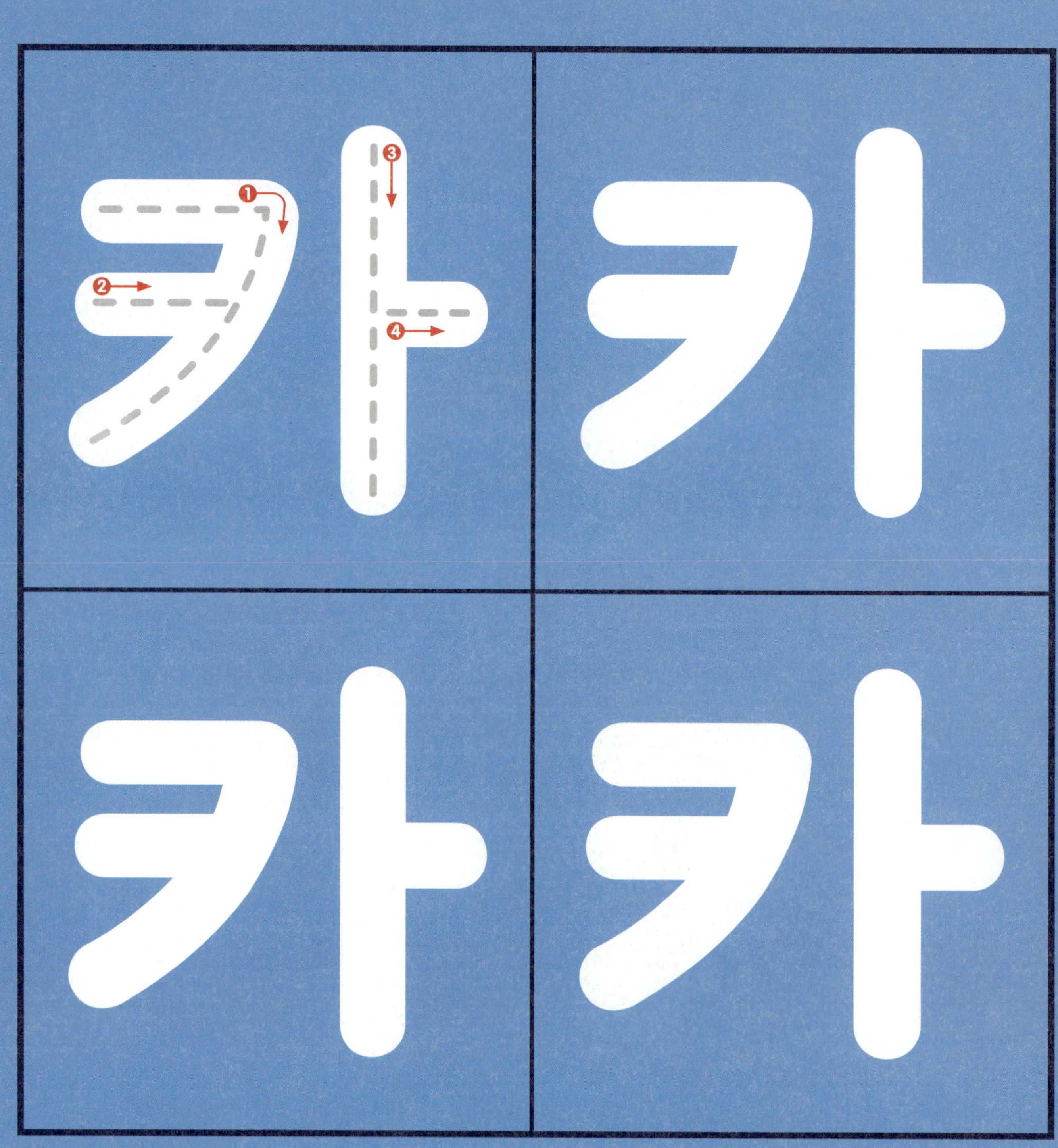

'카'로 시작해요

'카'로 시작하는 낱말을 모두 찾아 ◯ 하세요.

카드

여우

오렌지

카메라

'ㅌ'을 배워요

'ㅌ'은 '티읕'이라고 읽어요.
'ㅌ'을 큰 소리로 읽으면서 따라 써 보세요.

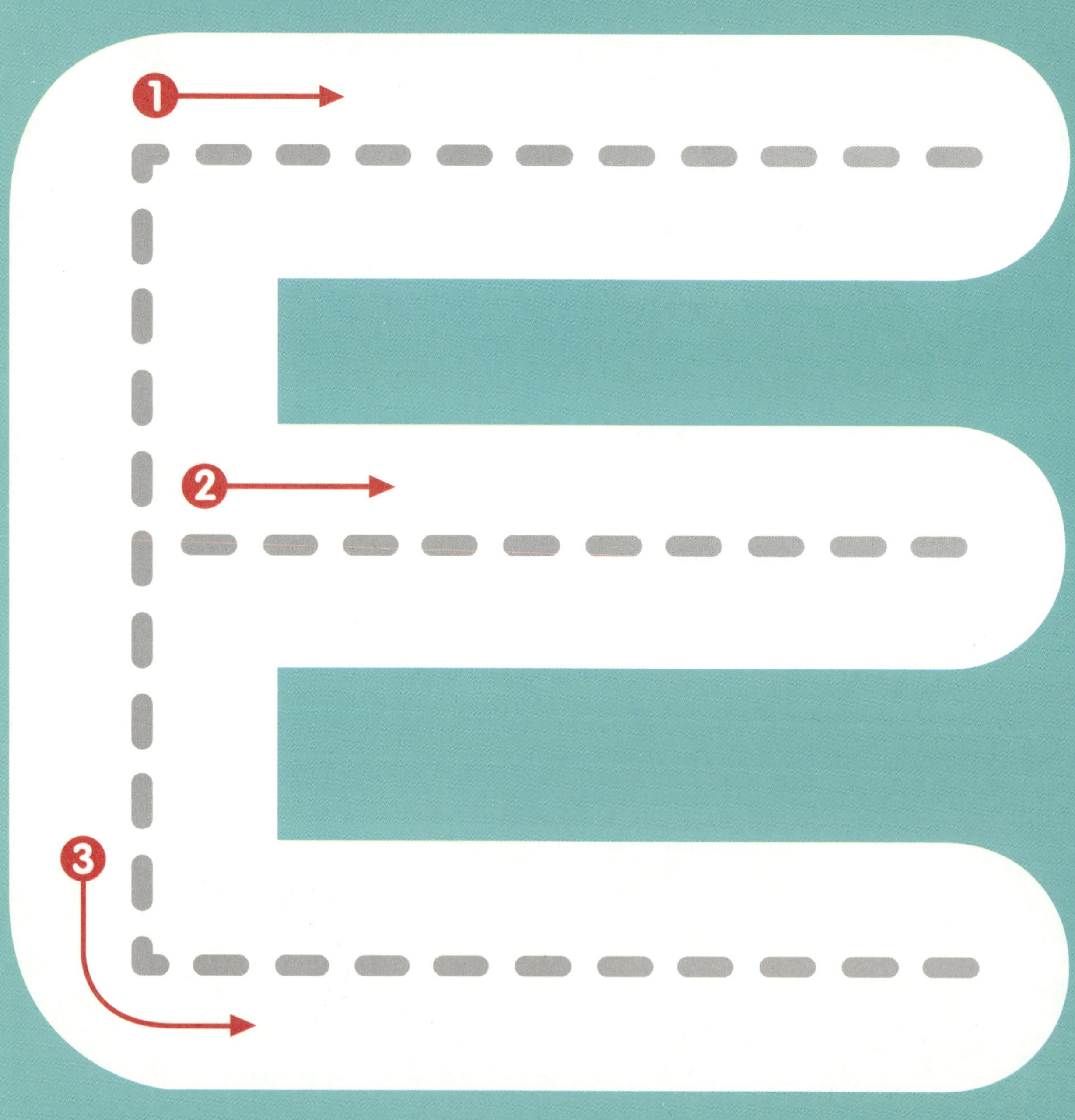

'트'을 찾아요

아래에서 'ㅌ'을 모두 찾아 ✕ 하세요.

'타'를 배워요

'타'를 큰 소리로 읽어 보세요.
그리고 순서에 맞게 따라 써 보세요.

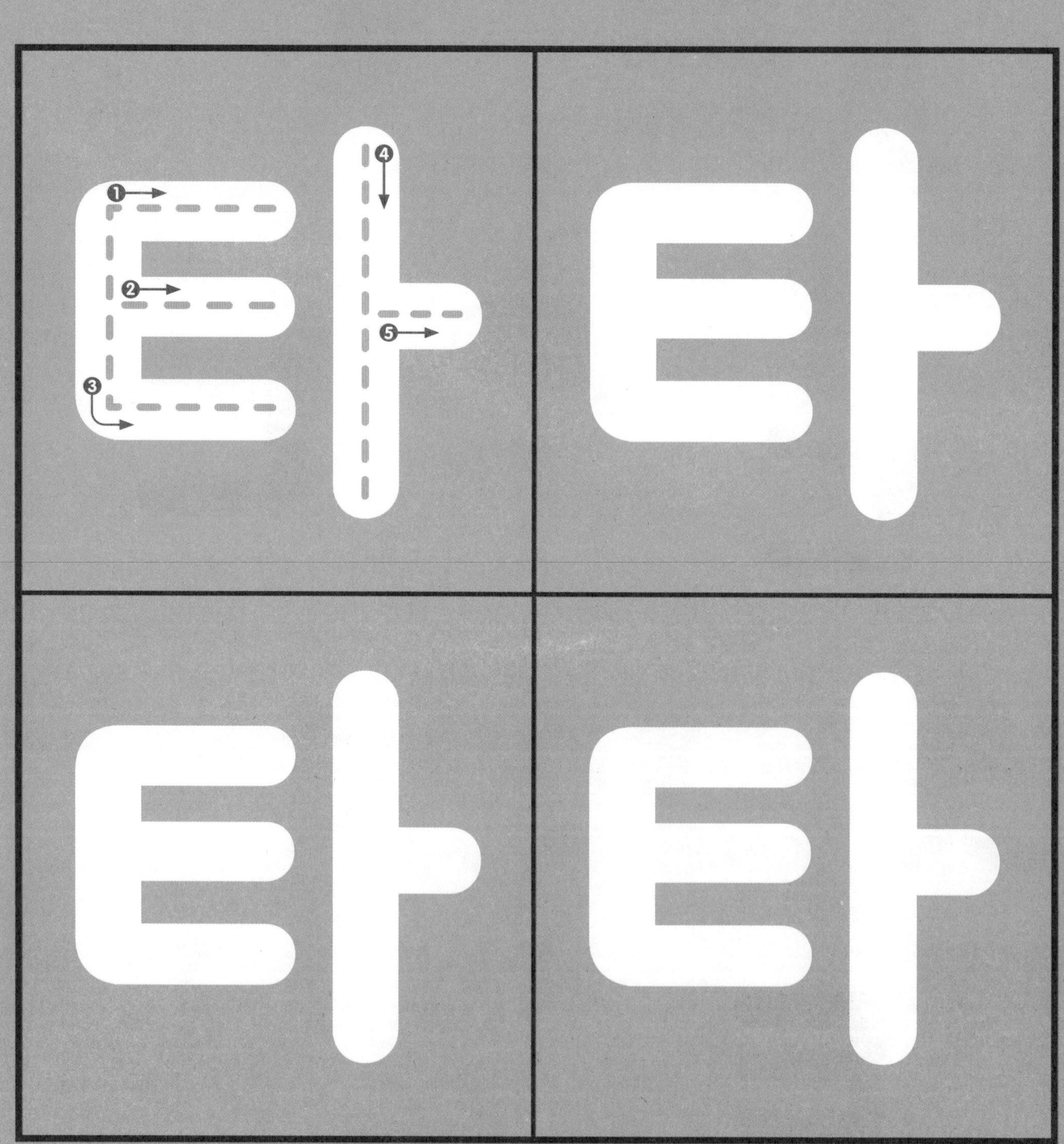

'타'로 시작해요

'타'로 시작하는 낱말을 모두 찾아 ○ 하세요.

코끼리

모자

타이어

타조

'**ㅍ**'을 배워요

'ㅍ'은 '피읖'이라고 읽어요.
'ㅍ'을 큰 소리로 읽으면서 따라 써 보세요.

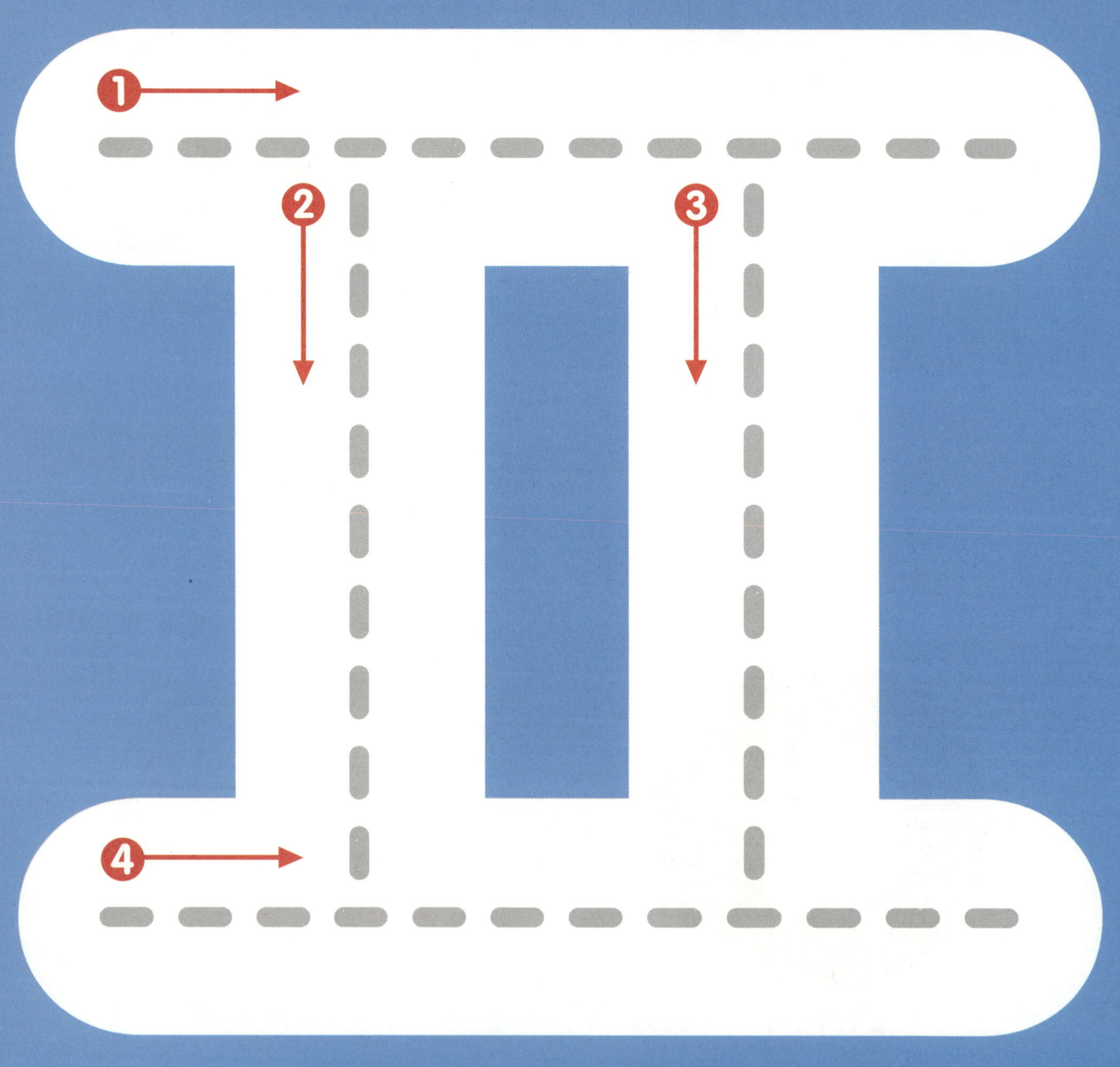

' ㅍ '을 찾아요

아래에서 ' ㅍ '을 모두 찾아 ◯ 하세요.

ㅍ ㅍ ㄹ
ㅈ ㅋ ㅍ
ㅅ ㅁ ㅂ ㅈ
ㄹ ㅍ ㅁ

'파'를 배워요

'파'를 큰 소리로 읽어 보세요.
그리고 순서에 맞게 따라 써 보세요.

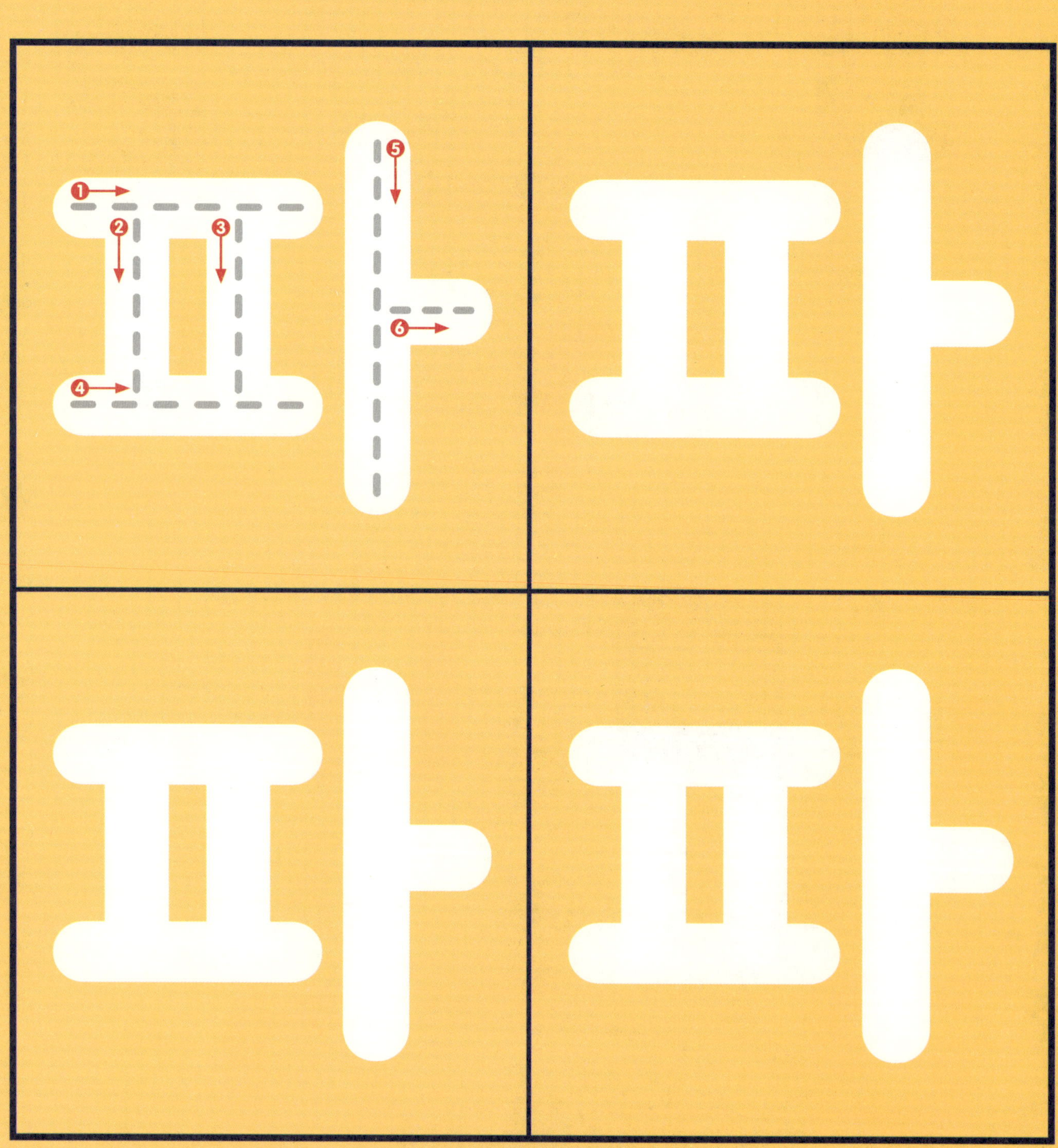

'파'로 시작해요

'파'로 시작하는 낱말을 모두 찾아 ◯ 하세요.

파리

얼룩말

로봇

파인애플

'흥'을 배워요

'흥'은 '히읗'이라고 읽어요.
'흥'을 큰 소리로 읽으면서 따라 써 보세요.

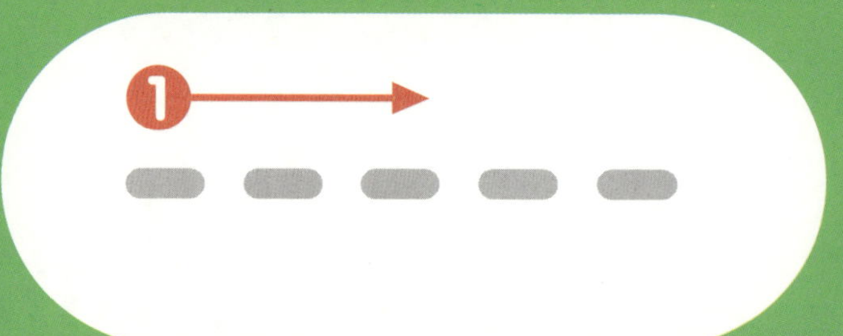

'흫'을 찾아요

아래에서 '흫'을 모두 찾아 ✗ 하세요.

'하'를 배워요

'하'를 큰 소리로 읽어 보세요.
그리고 순서에 맞게 따라 써 보세요.

'하'로 시작해요

'하'로 시작하는 낱말을 모두 찾아 ◯ 하세요.

포도

하늘

하모니카

체리

한글 따라 쓰기

가부터 하까지 글자를 큰 소리로 읽으면서 따라 써 보세요.

수학

수 세고 따라 쓰기

다음 동물의 수를 세어 보고 큰 소리로 읽어 보세요.
그리고 숫자를 따라 써 보세요.

삼 · 셋

사 · 넷

오 · 다섯

수 세고 따라 쓰기

다음 음식의 수를 세어 보고 큰 소리로 읽어 보세요.
그리고 숫자를 따라 써 보세요.

8
팔·여덟

9
구·아홉

10
십·열

원숭이를 세어요

동물원 곳곳에 원숭이들이 숨어 있어요.
원숭이가 모두 몇 마리인지 세어 보고
아래에서 알맞은 숫자를 찾아 ◯ 하세요.

1 2 3 4 5

돌을 세어요

보물 상자에 보물 대신 돌들이 들어 있어요.
돌이 모두 몇 개인지 세어 보고
아래에서 알맞은 숫자를 찾아 ◯ 하세요.

6 7 8 9 10

집게발을 세어요

꽃게에는 커다란 집게발이 있어요.
집게발이 모두 몇 개인지 세어 보고
아래에서 알맞은 숫자를 찾아 ○ 하세요.

힌트 : 집게발만 세어 보세요.

2 4 6 8

같은 수를 찾아요

애벌레들은 각각 사과를 하나씩 먹을 수 있어요.
애벌레가 모두 몇 마리인지 세어 보고
애벌레의 수만큼 사과가 담긴 상자를 찾아 ◯ 하세요.

꿀벌 수를 세어요

꿀벌 가족이 집으로 날아가고 있어요.
꿀벌이 모두 몇 마리인지 세어 보고
아래에서 알맞은 숫자를 찾아 ◯ 하세요.

3   5   7   9

3개씩 사요

지연이는 마음에 드는 물건은 항상 3개씩 사요.
아래 그림에서 지연이가 산 물건을 모두 찾아 ◯ 하세요.

수 익히기 1

각 숫자에 알맞은 낱말을 찾아 선으로 이어 보세요.

1 •   • 하나

2 •   • 셋

3 •   • 다섯

4 •   • 둘

5 •   • 넷

수 익히기 2

각 숫자에 알맞은 낱말을 찾아 선으로 이어 보세요.

6 ·   · 여섯

7 ·   · 아홉

8 ·   · 일곱

9 ·   · 열

10 ·   · 여덟

수 크기 비교하기

아래 숫자 중에서 수의 크기가 가장 큰 숫자에는 ◯,
수의 크기가 가장 작은 숫자에는 ✕ 하세요.

생일 케이크 찾기

원우의 다섯 번째 생일이에요.
아래에서 원우의 생일 케이크를 찾아 빈칸에 ◯ 하세요.

얼룩무늬 세기

각 얼룩소의 몸에 있는 점의 개수와
똑같은 숫자가 적힌 우리를 찾아 선으로 이어 보세요.

병아리 세기

모여 있는 병아리의 수와
똑같은 숫자가 적힌 둥지를 찾아 선으로 이어 보세요.

 • • 

 • • 

 • • 

 • • 

몇 마리일까요?

각 나뭇잎 위에 있는 무당벌레가 몇 마리인지 세어 보고
알맞은 숫자를 찾아 선으로 이어 보세요.

초 개수 세기

생일 케이크에 꽂힌 초의 개수를 세어 보고
케이크의 주인을 찾아 선으로 이어 보세요.

장난감 개수 세기

모양이 같은 장난감 자동차의 개수를 세어 보고
빈칸에 알맞은 숫자를 써 보세요.

동전 개수 세기

각 돼지 저금통 속 동전을 세어 보고
동전을 가장 많이 모은 친구의 이름을 찾아 ◯ 하세요.

미소

나래

지나

현아

더 많이 가져요

초롱이는 무엇이든 친구보다 많이 가지고 있어요.
왼쪽 칸과 오른쪽 칸에 있는 물건의 개수를 비교해 보고
초롱이의 물건을 찾아 〇 하세요.

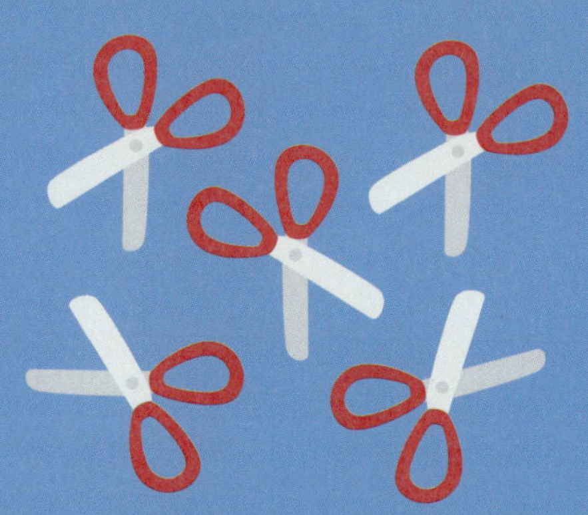

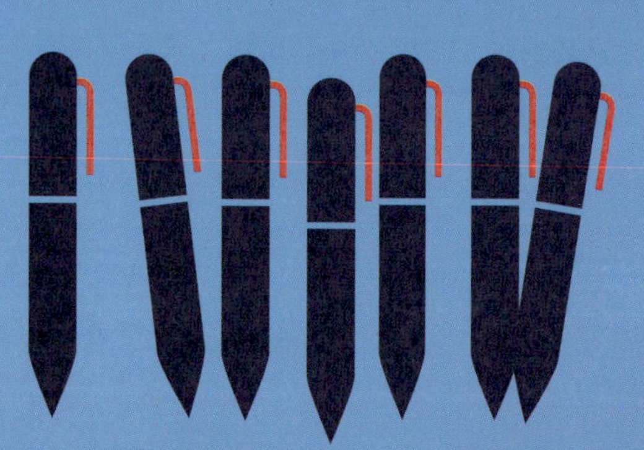
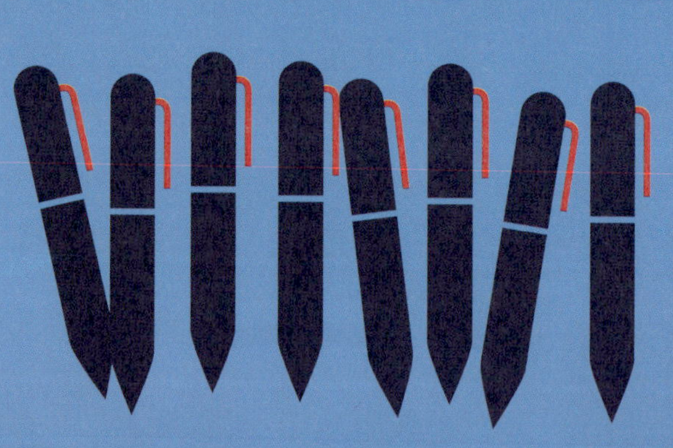

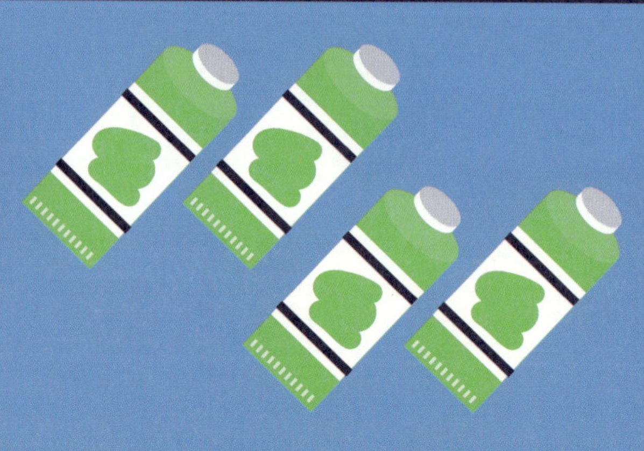

더 적게 먹어요

윤지는 이가 아파서 친구보다 사탕을 적게 먹어요.
왼쪽 칸과 오른쪽 칸에 있는 사탕의 개수를 비교해 보고
윤지가 먹을 사탕을 찾아 ◯ 하세요.

어느 쪽이 더 많을까요?

각 사과나무에 사과가 몇 개 열렸는지 세어 보고
빈칸에 알맞은 숫자를 써 보세요.
사과가 더 많이 열린 나무의 동그라미에 색칠해 보세요.

어느 쪽이 더 적을까요?

각 나무 위에 원숭이가 몇 마리 있는지 세어 보고
빈칸에 알맞은 숫자를 써 보세요.
원숭이가 더 적게 있는 나무의 동그라미에 색칠해 보세요.

순서대로 출발해요

자동차에 쓰인 수가 작을수록 빨리 출발해요.
가장 먼저 출발하는 자동차에는 ○ ,
가장 늦게 출발하는 자동차에는 ✕ 하세요.

차례대로 줄을 서요

무당벌레들이 일렬로 줄을 서 있어요.
등에 있는 점의 개수가 적은 것부터 많은 것 순서로 줄을 섰어요.
아래에서 사라진 무당벌레를 찾아 ◯ 하세요.

123 숫자 기차

1부터 10까지 순서를 생각해 보고
아래에서 빠진 숫자를 찾아 빈칸에 써 보세요.

3 4 __ 6

2 3 __ 5

7 __ 9 10

5 6 __ 8

거꾸로 수 세기

로켓이 발사되도록 거꾸로 수를 세면서
빈칸에 알맞은 숫자를 써 보세요.

10
9
8
7
6
5
□
□
□
□
발사!

인형은 얼마일까요?

세정이는 인형을 사러 장난감 가게에 갔어요.
아래에서 인형을 살 수 있는 동전의 개수만큼 ◯ 하세요.

동물

가장 빠른 동물

동물 중에는 자동차보다 더 빨리 달리는 동물도 있고
아주 느리게 기어 다니는 동물도 있어요.
다음 중 가장 빨리 달리는 동물을 찾아 ◯ 하세요.

하늘을 나는 동물

날개가 있는 동물은 하늘을 훨훨 날아다녀요.
다음 중 하늘을 날 수 있는 동물을 모두 찾아 ◯ 하세요.

헤엄치는 물고기

물고기는 지느러미를 이용해 바다에서 헤엄을 쳐요.
다음 중 물고기를 모두 찾아 ◯ 하세요.

털이 있는 동물

아래 동물 중에서 털이 있는 동물에는 모두 ◯,
털이 없는 동물에는 모두 ✕ 하세요.

악어

호랑이

북극곰

닭

고래

부엉이

나는 누구일까요? 1

다음 수수께끼를 풀고 알맞은 그림에 ◯ 하세요.

나는 풀을 먹고 살아요.
내 몸에는 점이 있어요.
나는 목과 다리가 아주 길어요.

나는 누구일까요?

치타

뱀

타조

기린

나는 누구일까요? 2

다음 수수께끼를 풀고 알맞은 그림에 ◯ 하세요.

나는 목장에서 살아요.
나는 몸에 얼룩덜룩 무늬가 있어요.
사람들은 내가 만든 우유를 마셔요.

나는 누구일까요?

닭

스컹크

고양이

젖소

꼬리 주인 찾기

동물 친구들의 꼬리가 사라졌어요.
각 동물에 알맞은 꼬리를 찾아 선으로 이어 보세요.

발자국 주인 찾기

동물 친구들 중 한 마리가 발자국을 남겼어요.
발자국의 주인을 찾아 ◯ 하세요.

가짜 펭귄 찾기

펭귄은 하늘을 날지 못하는 새예요.
아래 펭귄 중에서 가짜 펭귄을 모두 찾아 ✗ 하세요

누구의 귀일까요?

동물 친구들이 귀를 잃어버렸어요.
각 동물에 알맞은 귀를 찾아 선으로 이어 보세요.

날개 관찰하기

나연이는 돋보기로 나비의 날개를 관찰하고 있어요.
나연이가 보고 있는 나비를 찾아 ○ 하세요.

동물 몸 관찰하기

유현이는 돋보기로 동물의 몸을 관찰하고 있어요.
유현이가 보고 있는 동물을 찾아 ◯ 하세요.

올챙이는 자라서 무엇이 될까요?

나는 작은 올챙이예요.
나는 자라서 무엇이 될까요?

어른이 된 올챙이 모습을 찾아 ◯ 하세요.

애벌레는 자라서 무엇이 될까요?

나는 어린 애벌레예요.
나는 자라서 무엇이 될까요?

어른이 된 애벌레 모습을 찾아 ◯ 하세요.

북극에 사는 동물

추운 북극에도 다양한 동물이 살고 있어요.
북극에 사는 동물 중 날 수 있는 동물을 모두 찾아 ◯ 하세요.

→ 색 모양 ←

빨간색 장난감 찾기

지형이는 색깔별로 장난감을 정리했어요.
아래에서 빨간색 장난감이 모인 곳을 찾아 ◯ 하세요

파란색 책 찾기

책장에 여러 가지 색깔의 책이 꽂혀 있어요.
아래에서 파란색 책을 모두 찾아 ◯ 하세요.

초록색 정원 가꾸기

정민이는 꽃을 심고 가꾸기를 좋아해요.
아래 정원에서 초록색인 것을 모두 찾아 ○ 하세요.

노란색 찾기

수아는 노란색을 좋아해요.
아래에서 수아가 좋아하는 것을 모두 찾아 ◯ 하세요.

분홍색 사탕 찾기

수진이는 분홍색 사탕을 좋아해요.
아래에서 수진이가 좋아하는 사탕을 모두 찾아 ◯ 하세요.

보라색 보석 찾기

해적이 보라색 보석을 찾고 있어요.
아래에서 해적이 찾고 있는 보석을 모두 찾아 ◯ 하세요.

주황색 바다 동물 찾기

바닷속에는 다양한 동식물이 살고 있어요.
아래 그림에서 주황색 바다 동물을 모두 찾아 ◯ 하세요.

주황색 바다 동물의 수를 세어 보고 알맞은 숫자를 찾아 ◯ 하세요.

1 2 3 4 5

알록달록 바다 동물

다양한 색깔의 바다 동물이 모여 있어요.
각 바다 동물에 알맞은 색깔을 찾아 선으로 이어 보세요.

파랑　　노랑　　빨강　　보라

일곱 색깔 무지개

무지개는 다음과 같은 일곱 가지 색깔의 순서로 이루어져 있어요.

아래 그림에서 올바른 무지개를 찾아 ◯ 하세요.

색깔 규칙 알기

알록달록 애벌레들이 색깔을 잃어버렸어요.
일정한 색깔 규칙에 맞게 빈칸을 알맞은 색깔로 색칠해 보세요.

모양 색칠하기

동그라미, 세모, 네모로 꽃을 만들어요.
각 지시에 따라 아래 모양과 오른쪽에 있는 꽃을 색칠해 보세요.

동그라미는 갈색으로 색칠하세요.

세모는 노란색으로 색칠하세요.

네모는 초록색으로 색칠하세요.

위의 꽃에 동그라미가 몇 개 있는지 세어 보고
알맞은 숫자를 찾아 ◯ 하세요.

1 2 3 4 5

사물 속 모양 찾기

각각의 모양과 똑같이 생긴 사물을 찾아 선으로 이어 보세요.

세모를 찾아요

아래에서 크기와 모양이 똑같은 세모를 2개 찾아
노란색으로 색칠해 보세요.

동그란 물건 찾기

세호는 동그란 모양의 물건을 좋아해요.
세호가 좋아하는 물건을 모두 찾아 ○ 하세요.

똑같은 모양 색칠하기

동그라미, 세모, 네모가 뒤죽박죽 섞여 있어요.
동그라미는 파란색, 세모는 빨간색, 네모는 노란색으로 색칠해 보세요.

숨은 모양 그리기 1

각 그림 속에는 동그라미가 숨어 있어요.
점선을 따라 숨어 있는 모양을 그려 보세요.

숨은 모양 그리기 2

각 그림 속에는 세모와 네모가 숨어 있어요.
점선을 따라 숨어 있는 모양을 그려 보세요.

로켓을 그려요

로켓이 우주를 향해 날아가요.
점선을 따라 로켓과 별, 행성을 그려 보세요.

→ 음식 ←

음식을 구분해요

도시락 안에 음식과 음식이 아닌 것이 섞여 있어요.
각 도시락에서 음식이 아닌 것을 찾아 ✕ 하세요.

음료수 미로 통과하기

목이 마른 진희는 시원한 마실 것을 찾고 있어요.
마실 수 있는 음료수를 찾아 선을 그어 보세요.

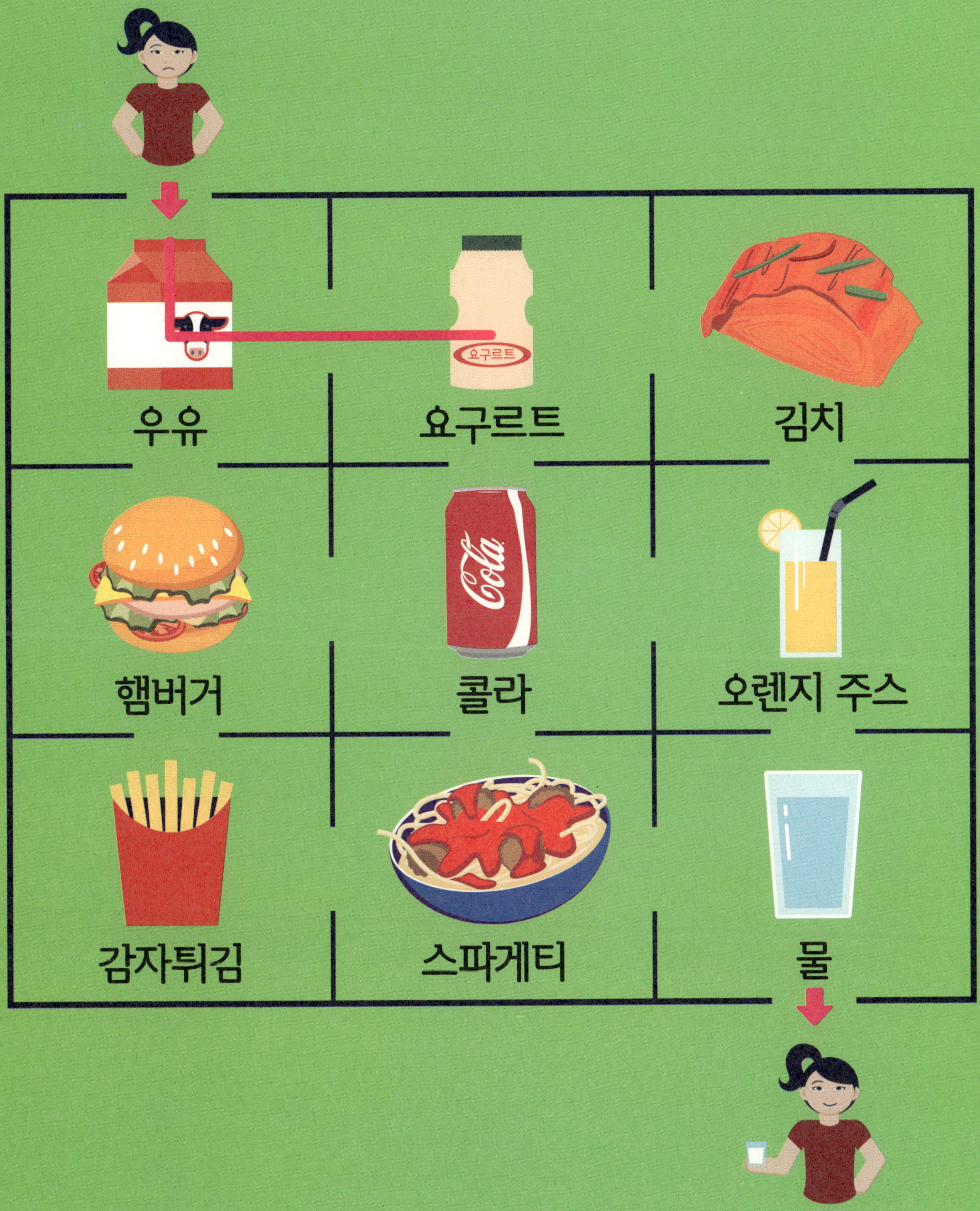

우유

요구르트

김치

햄버거

콜라

오렌지 주스

감자튀김

스파게티

물

몸에 좋은 간식

과일이나 채소는 우리 몸에 좋은 건강한 간식이에요.
다음 중 몸에 좋은 간식을 모두 찾아 ◯ 하세요.

감자튀김

딸기

초콜릿

토마토

피망

채소 조각 맞추기

채원이는 엄마를 도와 채소를 썰었어요.
각 채소에 알맞은 조각을 찾아 선으로 이어 보세요.

브로콜리

당근

양파

새콤달콤 과일 찾기

가영이가 제일 좋아하는 음식은 과일이에요.
다음 중 과일을 모두 찾아 ◯ 하세요.

마트에서 채소 사기

희재는 엄마와 함께 채소를 사러 마트에 갔어요.
아래에서 채소를 찾아 카트에 선으로 이어 보세요.

바다에서 나는 음식

혜빈이는 바다에서 나는 음식을 좋아해요.
다음 중 혜빈이가 좋아하는 음식을 모두 찾아 ○ 하세요.

생선

새우

샐러드

스파게티

나무에 열리는 음식

가은이는 간식으로 나무에 열리는 음식을 먹으려고 해요.
다음 중 가은이가 먹을 음식을 모두 찾아 ◯ 하세요.

치즈

사과

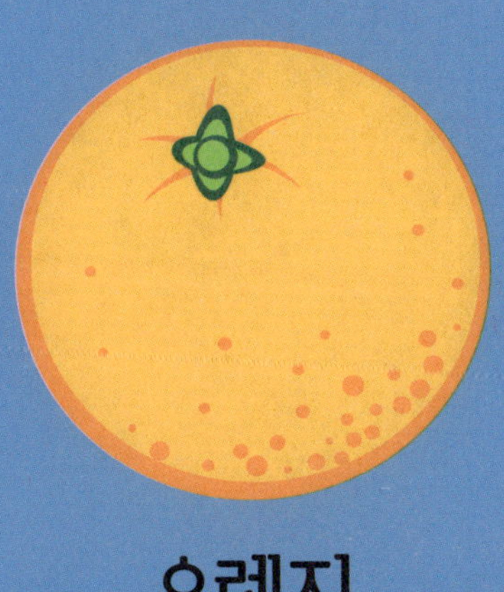

오렌지

빵

이가 상해요

달콤한 음식 중에는 많이 먹으면 이가 쉽게 상하는 것들이 있어요.

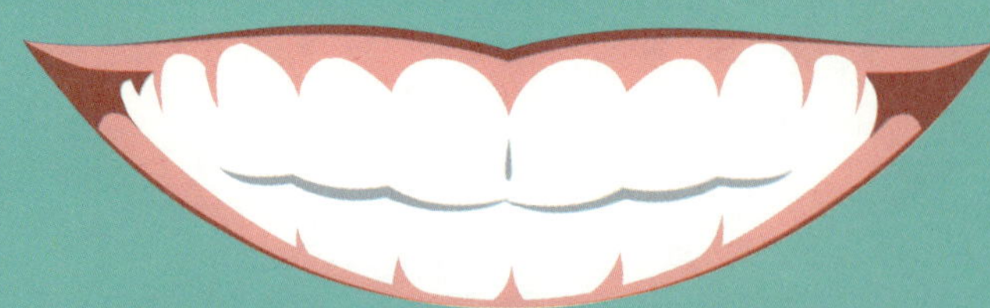

아래에서 이가 쉽게 상하는 음식을 모두 찾아 ◯ 하세요.

버섯 　　　초콜릿 　　　레몬

사탕 　　　브로콜리 　　　당근

몸이 뚱뚱해져요

맛있는 간식 중에는 많이 먹으면 쉽게 뚱뚱해지는 것들이 있어요.

아래에서 살이 잘 찌는 음식을 모두 찾아 ◯ 하세요.

햄버거

오렌지

파인애플

딸기

양배추

피자

과일 배달 트럭 찾기

트럭이 여러 가지 음식을 배달하고 있어요.
다음 중 과일을 배달하는 트럭을 모두 찾아 ○ 하세요.

탈것

탈것이 아닌 것

자전거나 자동차처럼 사람이 타고 다니는 것을 탈것이라고 해요.
다음 중 탈것이 아닌 것을 찾아 ✕ 하세요.

하늘을 나는 탈것

탈것의 종류는 매우 다양해요.
다음 중 주로 하늘에서 움직이는 탈것을 찾아 ◯ 하세요.

위급할 때 달려와요

도와주세요! 누군가 도움을 요청하고 있어요.
위급한 상황이 발생했을 때 필요한 탈것을 모두 찾아 ◯ 하세요.

탈것과 어울리는 장소

여러 종류의 탈것이 일을 하기 위해 출동했어요.
각 탈것에 어울리는 장소를 찾아 선으로 이어 보세요.

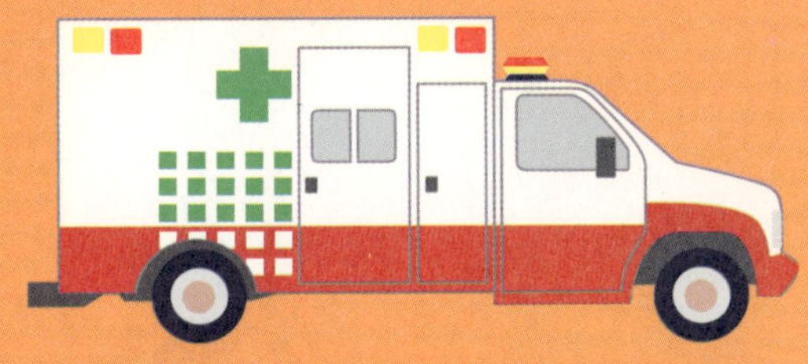

탈것의 주인 찾기

다음의 탈것은 각각 특정한 직업과 관련이 있어요.
각 탈것에 알맞은 주인을 찾아 선으로 이어 보세요.

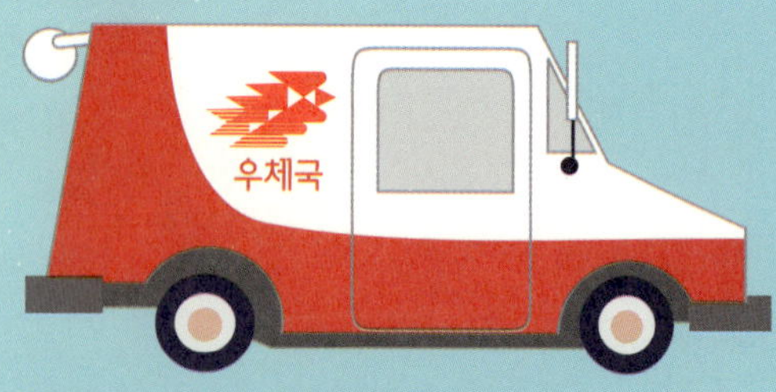

탈것과 어울리는 물건

각 줄의 왼쪽에 있는 탈것과 가장 잘 어울리는
물건을 찾아 〇 하세요.

알맞은 트럭 찾기

두진이는 바퀴가 4개보다 많고,
파란색과 빨간색으로 칠해진 장난감 트럭을 가지고 있어요.
두진이의 장난감 트럭을 찾아 ◯ 하세요.

가장 큰 바퀴 찾기

부릉부릉 트럭은 커다란 바퀴로 힘차게 일을 해요.
바퀴가 가장 큰 트럭을 찾아 ◯ 하세요.

탈것 수수께끼 1

다음 수수께끼를 풀고 알맞은 그림에 ○ 하세요.

나는 자동차가 아니에요.
나는 바퀴가 3개인 것도 있어요.
나는 페달을 밟아야 움직일 수 있어요.

나는 무엇일까요?

탈것 수수께끼 2

다음 수수께끼를 풀고 알맞은 그림에 ◯ 하세요.

나는 하늘을 날 수 있어요.
나는 비행기보다 훨씬 빨라요.
나는 머나먼 우주를 여행할 수 있어요.

나는 무엇일까요?

공사장에서 일해요

도로를 만들고 건물을 짓는 자동차를 중장비차라고 해요.
다음의 설명에 알맞은 중장비차를 찾아 선으로 이어 보세요.

흙이나 모래를 짐칸에
싣고 공사장으로 날라요.

포클레인

무거운 짐을 매달고
이리저리 옮겨요.

덤프트럭

큰 통 안에 시멘트를
넣고 돌려서 섞어요.

크레인

커다란 삽으로
흙과 모래를 파요.

트럭믹서

사회성

깨끗하게 정리해요

재미있는 미술 시간이 끝났어요.
미술 도구를 깨끗하게 정리한 그림을 모두 찾아 ◯ 하세요.

정리함에 넣어요

방을 깨끗하게 청소할 시간이에요.
각각의 물건이 들어가야 할 알맞은 상자를 찾아 선으로 이어 보세요.

부엌에 있는 물건

부엌은 맛있는 음식을 만드는 곳이에요.
다음 중 부엌과 어울리지 않는 물건을 모두 찾아 ✕ 하세요.

욕실에 있는 물건

욕실은 이를 닦고 몸을 깨끗이 씻는 곳이에요.
다음 중 욕실에 있는 물건을 모두 찾아 ◯ 하세요.

글러브

비누

칫솔

욕조

마이크

그네

잠자기 전 하는 일

재희는 매일 잠자기 전에 목욕을 하고, 이를 닦고, 책을 읽어요.
아래 그림을 보고 재희가 하는 일의 순서에 맞게
1부터 3까지 빈칸에 숫자를 써 보세요.

눈 올 때 입는 옷

한빈이는 친구들과 함께 눈사람을 만들려고 해요.

한빈이가 준비해야 할 것을 모두 찾아 ◯ 하세요.

유치원에 가요

유성이는 유치원에 갈 준비를 해요.
유성이가 가장 먼저 하는 일을 찾아 빈칸에 ◯ 하세요.

수영장에 가요

수인이는 수영장에 가려고 해요.
수인이가 준비해야 할 물건을 모두 찾아 ◯ 하세요.

바다에 놀러 가요

보라는 여름 방학 때 바다에 놀러 가기 위해 짐을 챙기고 있어요.
보라가 가져가야 할 물건을 모두 찾아 ◯ 하세요.

선크림   등산화   목도리

수영복   수건

남극에 놀러 가요

영수는 추운 남극으로 여행을 갔어요.
영수가 펭귄과 놀기 위해 필요한 것을 모두 찾아 ◯ 하세요.

무엇을 탈까요?

태호와 태희는 놀러 나갈 준비를 모두 마쳤어요.
태호와 태희가 입은 옷을 보고 무엇을 타러 갈지 찾아 ◯ 하세요.

날씨에 어울리는 옷

창문 너머로 서로 다른 두 날씨가 펼쳐져요.
각 날씨에 어울리는 옷을 찾아 선으로 이어 보세요.

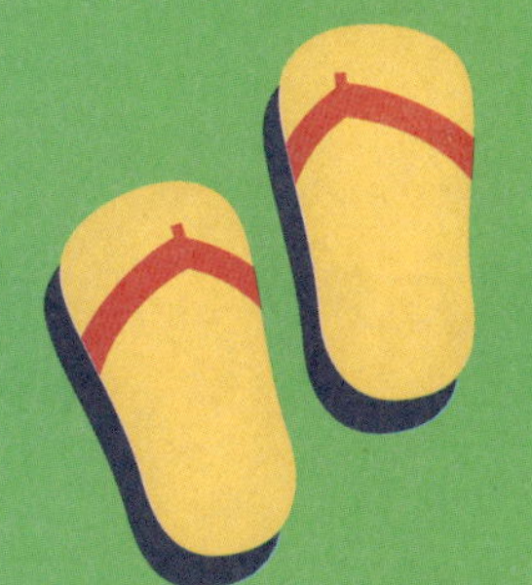

발표를 해요

수업 시간에 선생님께서 질문을 하셨어요.
정답을 알고 있다면 어떻게 행동해야 하는지 생각해 보고
올바른 그림을 찾아 ◯ 하세요.

쓰레기를 주워요

파도에 휩쓸려 여러 가지 생물과 물건이 모래사장까지 왔어요.
아래에서 바다에 있으면 안 되는 쓰레기를 모두 찾아 ✕ 하세요.

배가 아파요

유나는 아이스크림을 많이 먹고 배탈이 났어요.
아픈 배를 치료해 주는 사람을 찾아 ◯ 하세요.

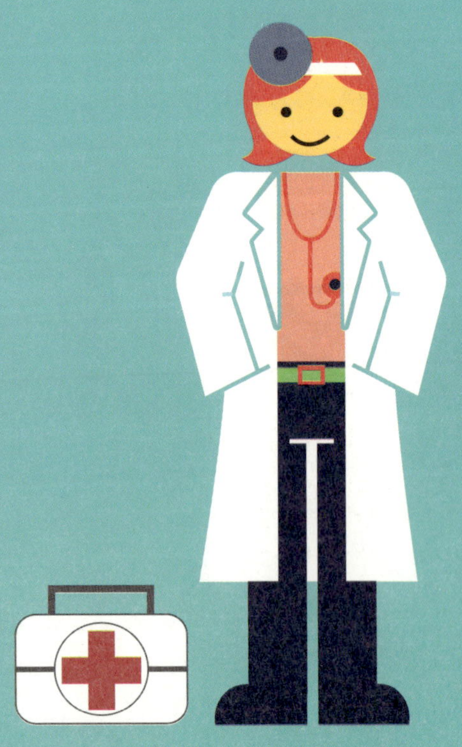

→ 정답 ←

정답

→ 창의 ←

쌍둥이 집 찾기
연우와 지호의 집은 색깔과 모양이 똑같아요.
연우와 지호의 집을 찾아 빈칸에 ○ 하세요.

물고기 무늬 찾기
무늬가 다양한 물고기들이 헤엄을 치고 있어요.
빨간색 점이 있는 물고기를 찾아 빈칸에 ○ 하세요.

다음 장면 상상하기 1
뉴스에서 날씨를 알려 주는 아저씨의 머리 위에
먹구름이 가득 몰려오고 있어요.

다음에 일어날 장면을 찾아 ○ 하세요.

다음 장면 상상하기 2
운장이는 주인공이 생일을 맞은 내용의 동화책을 읽다가
그만 잠이 들고 말았어요.

아래 그림 중에서 다음 장면을 찾아 빈칸에 ○ 하세요.

?

알맞은 간식 찾기
엄마는 정훈이에게 간식으로 빨간색 과일을 주셨어요.
정훈이가 먹을 간식을 찾아 ○ 하세요.

포도
오렌지
바나나
사과

누구의 무늬일까요?
동물들의 다양한 무늬를 사진으로 찍었어요.
사진 속 무늬에 알맞은 동물을 찾아 선으로 이어 보세요.

기린
얼룩말
치타

더 빨리 녹아요
해지와 해찬이가 아이스크림을 떨어뜨렸어요.
해지는 쨍쨍한 햇볕 아래에, 해찬이는 나무 그늘에 떨어뜨렸네요.
누구의 아이스크림이 더 빨리 녹을지 생각해 보고 빈칸에 ○ 하세요.

해지
해찬

밤에만 보여요
아래에서 밤에만 볼 수 있는 것들을 모두 찾아 ○ 하세요.

해
달
무지개
별

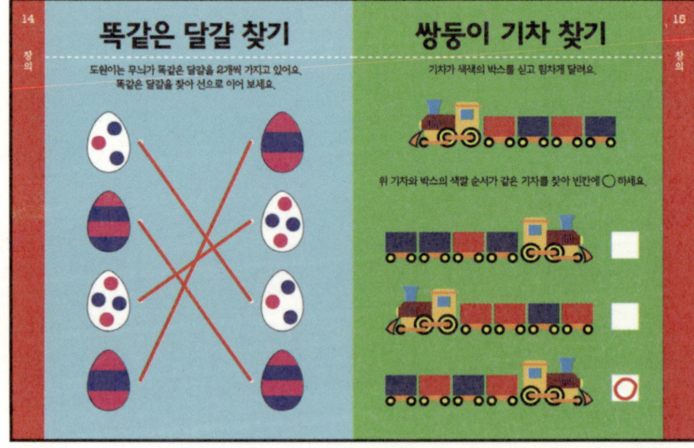
똑같은 달걀 찾기
도환이는 무늬가 똑같은 달걀을 2개씩 가지고 있어요.
똑같은 달걀을 찾아 선으로 이어 보세요.

쌍둥이 기차 찾기
기차가 색색의 박스를 싣고 힘차게 달려요.
위 기차와 박스의 색깔 순서가 같은 기차를 찾아 빈칸에 ○ 하세요.

생김새가 달라요
아래 강아지들 중에서 생김새가 다른
강아지 한 마리를 찾아 ○ 하세요.

발 모양이 같아요
시온이는 열심히 발레 연습을 하고 있어요.
시온이와 똑같은 발 모양을 찾아 ○ 하세요.

잃어버린 양말 찾기
여우가 양말을 잃어버렸어요.
여우의 양말을 모두 찾아 ○ 하세요.

힌트 : 여우는 발이 4개예요.

신발 짝 찾기
지호의 신발들이 뒤죽박죽 섞여 있어요.
각 신발의 짝을 찾아 선으로 이어 보세요.

똑같은 벌레 찾기
아래에서 모양과 크기가 똑같은 벌레를
찾아 선으로 이어 보세요.
빨간색 악기 찾기
음악을 연주하는 데 쓰는 악기들이 모여 있어요.
아래 악기 중에서 빨간색 악기를 모두 찾아 ◯하세요.

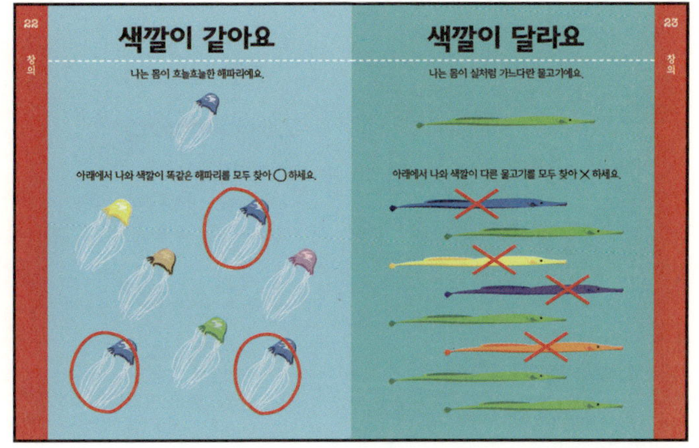
색깔이 같아요
나는 몸이 흐늘흐늘한 해파리예요.
아래에서 나와 색깔이 똑같은 해파리를 모두 찾아 ◯하세요.
색깔이 달라요
나는 몸이 실처럼 가느다란 물고기예요.
아래에서 나와 색깔이 다른 물고기를 모두 찾아 ✕하세요.

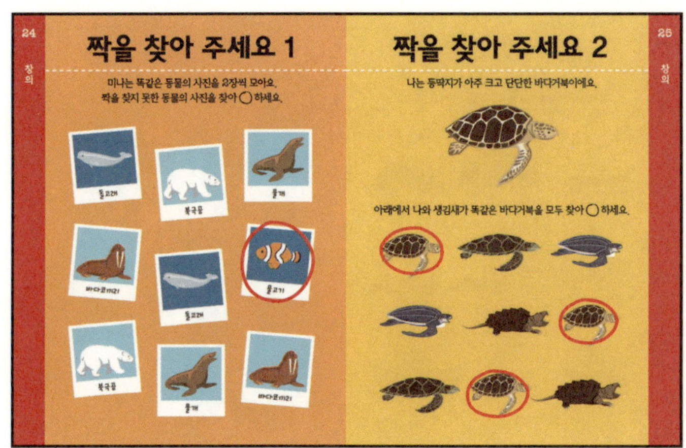
짝을 찾아 주세요 1
마는 똑같은 동물의 사진을 2장씩 모아요.
짝을 찾지 못한 동물의 사진을 찾아 ◯하세요.
짝을 찾아 주세요 2
나는 등딱지가 아주 크고 단단한 바다거북이에요.
아래에서 나와 생김새가 똑같은 바다거북을 모두 찾아 ◯하세요.

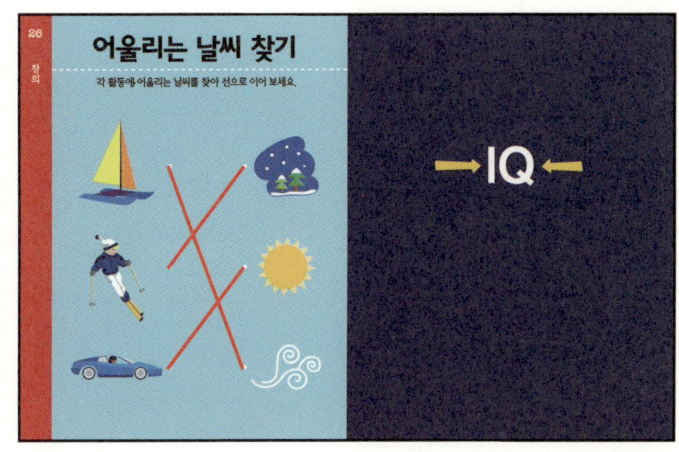
어울리는 날씨 찾기
각 활동에 어울리는 날씨를 찾아 선으로 이어 보세요.
→ IQ ←

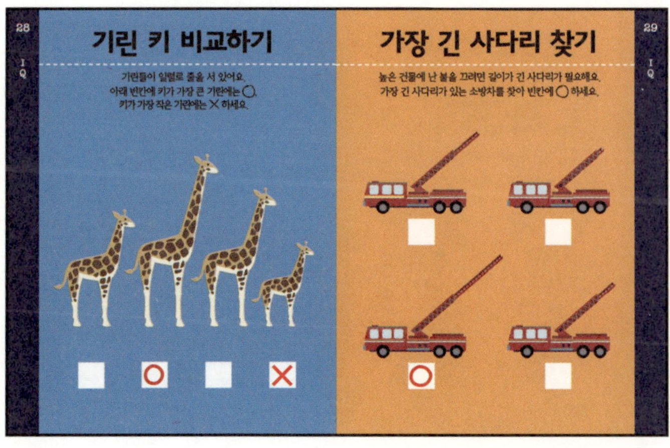
기린 키 비교하기
기린들이 알맞게 줄을 서 있어요.
아래 빈칸에 키가 가장 큰 기린에는 ◯,
키가 가장 작은 기린에는 ✕ 하세요.
가장 긴 사다리 찾기
높은 건물에 난 불을 끄려면 길이가 긴 사다리가 필요해요.
가장 긴 사다리가 있는 소방차를 찾아 빈칸에 ◯하세요.

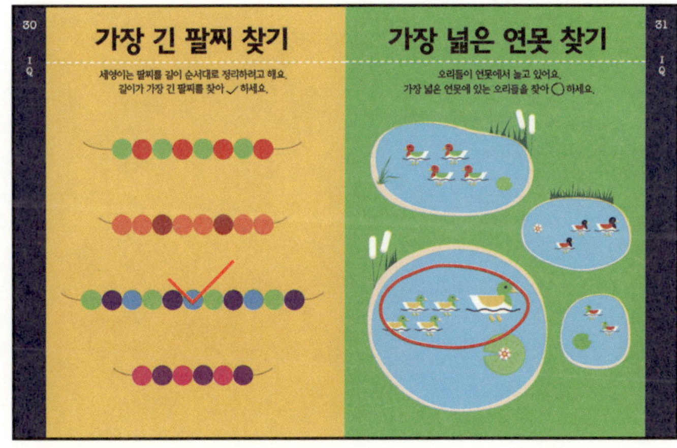
가장 긴 팔찌 찾기
새영이는 팔찌를 길이 순서대로 정리하려고 해요.
길이가 가장 긴 팔찌를 찾아 ✓하세요.
가장 넓은 연못 찾기
오리들이 연못에 놀고 있어요.
가장 넓은 연못에 있는 오리들을 찾아 ◯하세요.

알맞은 색깔 찾기
꽃밭이 꽃을 찾아 색칠해요.
아래에서 키가 가장 큰 꽃의 색을 찾아 ◯하세요.
조금만 먹어요
다형이는 배가 불러서 아이스크림을 조금만 먹고 싶어요.
아래에서 가장 양이 적은 아이스크림을 찾아 빈칸에 ◯하세요.

더 무거워요
저울은 무게가 더 무거운 쪽으로 기울어요.
각 저울에서 더 무거운 쪽 물건에 ◯하세요.
더 많아요
유리컵, 꽃병, 어항에 각각 물이 들어 있어요.
각 줄에서 물이 가장 많이 들어 있는 것을 찾아 ◯하세요.

정답

36
가장 큰 파도 찾기
차가 몇 대 있나요?
37

38
코끼리 위와 아래
사슴 앞과 뒤
39

40
장난감 위치 찾기
물고기 위치 찾기
41

42
맨 뒤에 있어요
어울리지 않는 동물
43

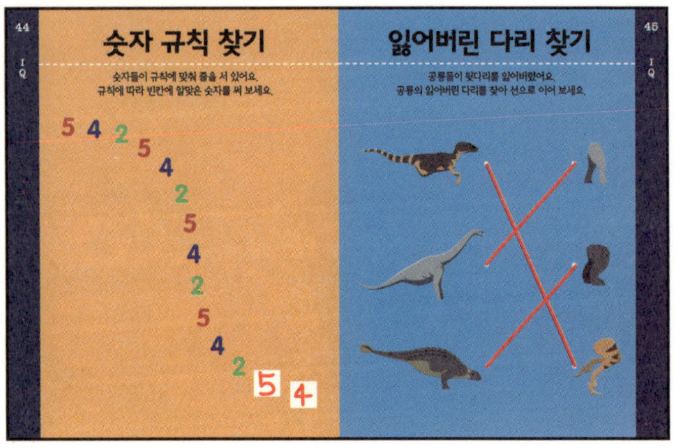
44
숫자 규칙 찾기
잃어버린 다리 찾기
45

46
색깔을 맞혀요
나는 무엇일까요?
47

48
알맞은 발명품 찾기
가운데 원숭이 찾기
49
빨강 주황 노랑
초록 파랑 보라

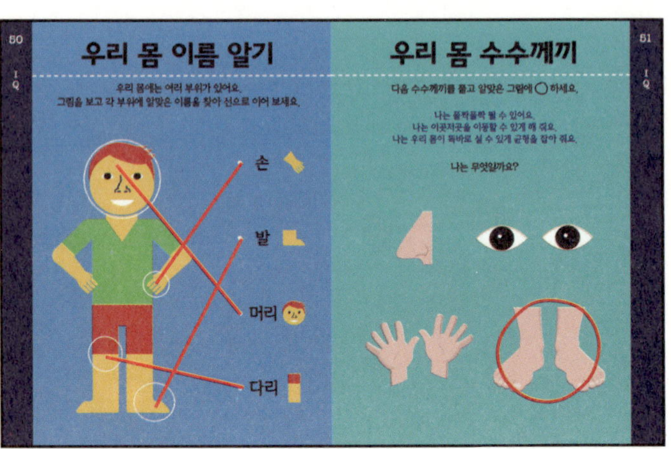
50
우리 몸 이름 알기
우리 몸 수수께끼
51
손
발
머리
다리

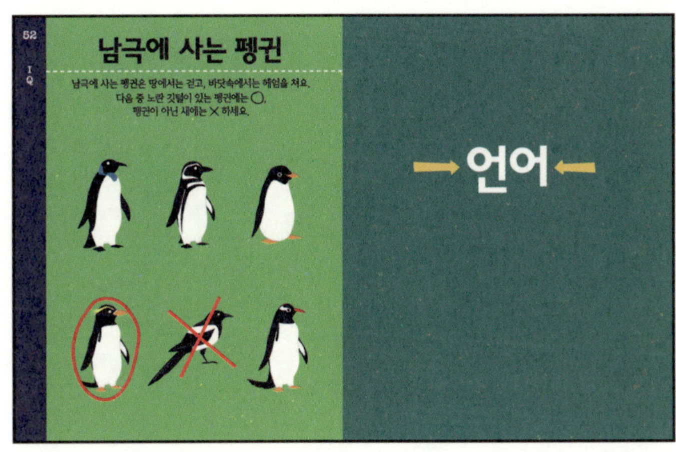
52
IQ
남극에 사는 펭귄
남극에 사는 펭귄은 땅에서는 걷고, 바닷속에서는 헤엄을 쳐요.
다음 중 노란 것털이 있는 펭귄에는 ○,
펭귄이 아닌 새에는 ✕ 하세요.
→ 언어 ←

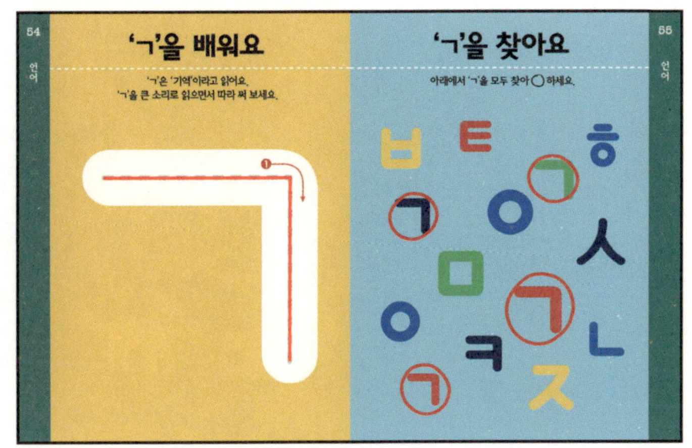
54
언어
'ㄱ'을 배워요
'ㄱ'은 '기역'이라고 읽어요.
'ㄱ'을 큰 소리로 읽으면서 따라 써 보세요.
55
언어
'ㄱ'을 찾아요
아래에서 'ㄱ'을 모두 찾아 ○ 하세요.

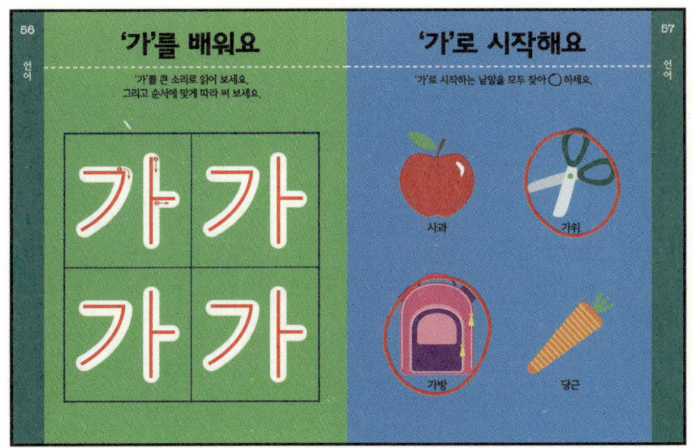
56
언어
'가'를 배워요
'가'를 큰 소리로 읽어 보세요.
그리고 순서에 맞게 따라 써 보세요.
57
언어
'가'로 시작해요
'가'로 시작하는 낱말을 모두 찾아 ○ 하세요.
사과   가위   가방   당근

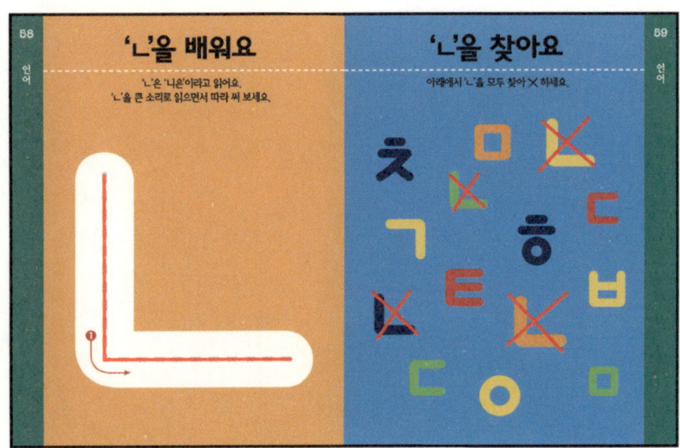
58
언어
'ㄴ'을 배워요
'ㄴ'은 '니은'이라고 읽어요.
'ㄴ'을 큰 소리로 읽으면서 따라 써 보세요.
59
언어
'ㄴ'을 찾아요
아래에서 'ㄴ'을 모두 찾아 ✕ 하세요.

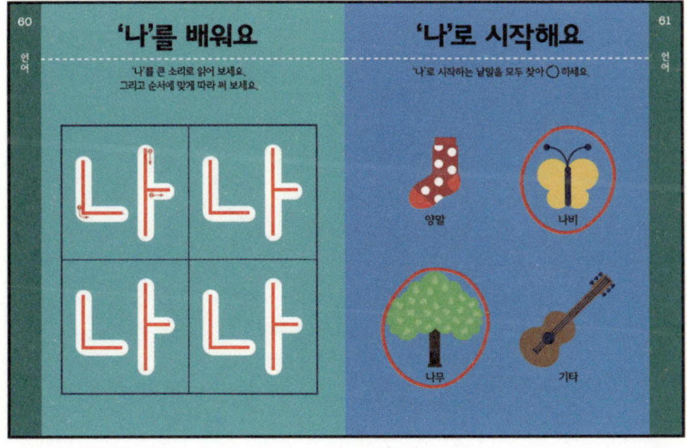
60
언어
'나'를 배워요
'나'를 큰 소리로 읽어 보세요.
그리고 순서에 맞게 따라 써 보세요.
61
언어
'나'로 시작해요
'나'로 시작하는 낱말을 모두 찾아 ○ 하세요.
양말   나비   나무   기타

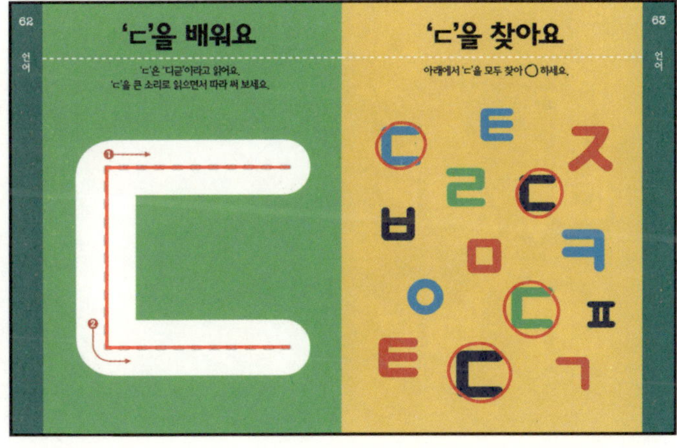
62
언어
'ㄷ'을 배워요
'ㄷ'은 '디귿'이라고 읽어요.
'ㄷ'을 큰 소리로 읽으면서 따라 써 보세요.
63
언어
'ㄷ'을 찾아요
아래에서 'ㄷ'을 모두 찾아 ○ 하세요.

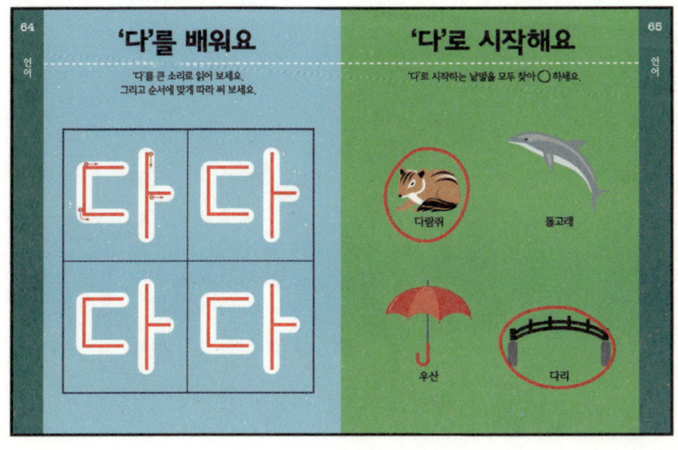
64
언어
'다'를 배워요
'다'를 큰 소리로 읽어 보세요.
그리고 순서에 맞게 따라 써 보세요.
65
언어
'다'로 시작해요
'다'로 시작하는 낱말을 모두 찾아 ○ 하세요.
다람쥐   돌고래   우산   다리

66
언어
'ㄹ'을 배워요
'ㄹ'은 '리을'이라고 읽어요.
'ㄹ'을 큰 소리로 읽으면서 따라 써 보세요.
67
언어
'ㄹ'을 찾아요
아래에서 'ㄹ'을 모두 찾아 ✕ 하세요.

정답

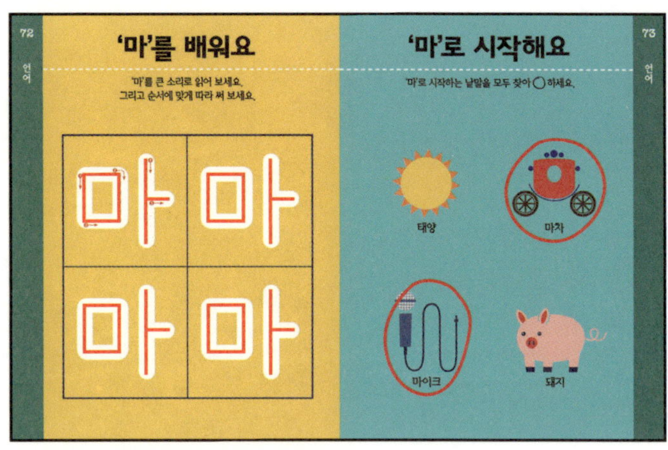
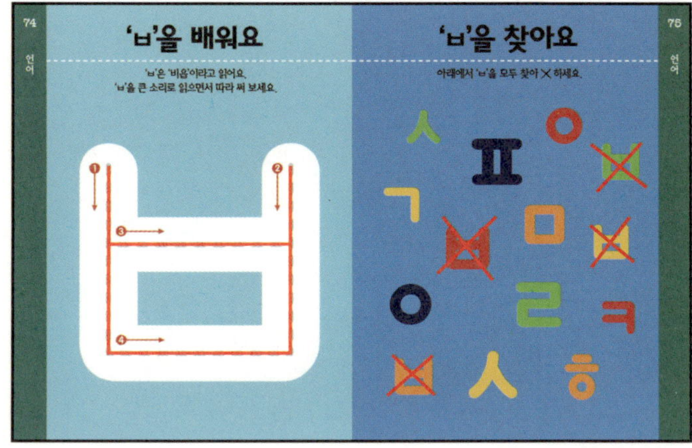

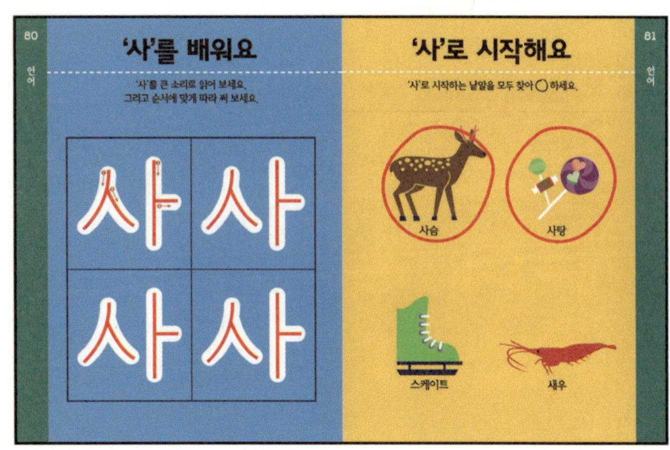

정답

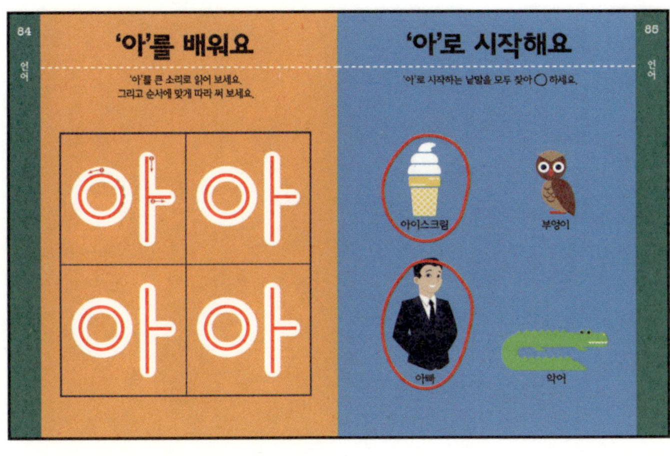
84
'아'를 배워요
'아'를 큰 소리로 읽어 보세요.
그리고 순서에 맞게 따라 써 보세요.
아 아
아 아
85
'아'로 시작해요
'아'로 시작하는 낱말을 모두 찾아 ○ 하세요.
아이스크림
부엉이
아빠
악어

86
'ㅈ'을 배워요
'ㅈ'은 '지읒'이라고 읽어요.
'ㅈ'을 큰 소리로 읽으면서 따라 써 보세요.
87
'ㅈ'을 찾아요
아래에서 'ㅈ'을 모두 찾아 ○ 하세요.

88
'자'를 배워요
'자'를 큰 소리로 읽어 보세요.
그리고 순서에 맞게 따라 써 보세요.
자 자
자 자
89
'자'로 시작해요
'자'로 시작하는 낱말을 모두 찾아 ○ 하세요.
자전거
여왕
자동차
요요

90
'ㅊ'을 배워요
'ㅊ'은 '치읓'이라고 읽어요.
'ㅊ'을 큰 소리로 읽으면서 따라 써 보세요.
91
'ㅊ'을 찾아요
아래에서 'ㅊ'을 모두 찾아 ✕ 하세요.

92
'차'를 배워요
'차'를 큰 소리로 읽어 보세요.
그리고 순서에 맞게 따라 써 보세요.
차 차
차 차
93
'차'로 끝나요
'차'로 끝나는 낱말을 모두 찾아 ○ 하세요.
소방차
반지
기차
우유

94
'ㅋ'을 배워요
'ㅋ'은 '키읔'이라고 읽어요.
'ㅋ'을 큰 소리로 읽으면서 따라 써 보세요.
95
'ㅋ'을 찾아요
아래에서 'ㅋ'을 모두 찾아 ○ 하세요.

96
'카'를 배워요
'카'를 큰 소리로 읽어 보세요.
그리고 순서에 맞게 따라 써 보세요.
카 카
카 카
97
'카'로 시작해요
'카'로 시작하는 낱말을 모두 찾아 ○ 하세요.
카드
여우
오렌지
카메라

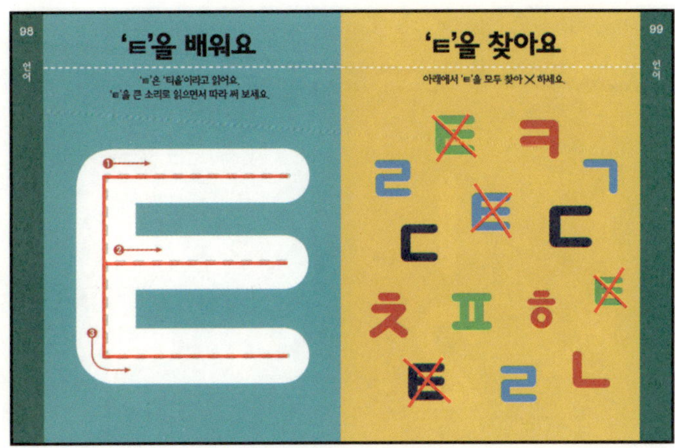
98
'ㅌ'을 배워요
'ㅌ'은 '티읕'이라고 읽어요.
'ㅌ'을 큰 소리로 읽으면서 따라 써 보세요.
99
'ㅌ'을 찾아요
아래에서 'ㅌ'을 모두 찾아 ✕ 하세요.

정답

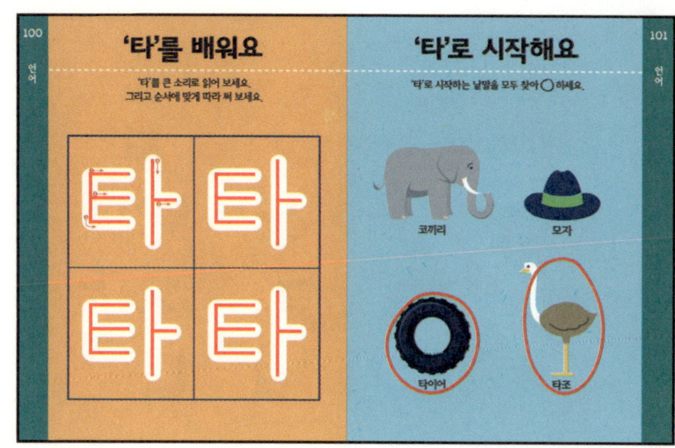
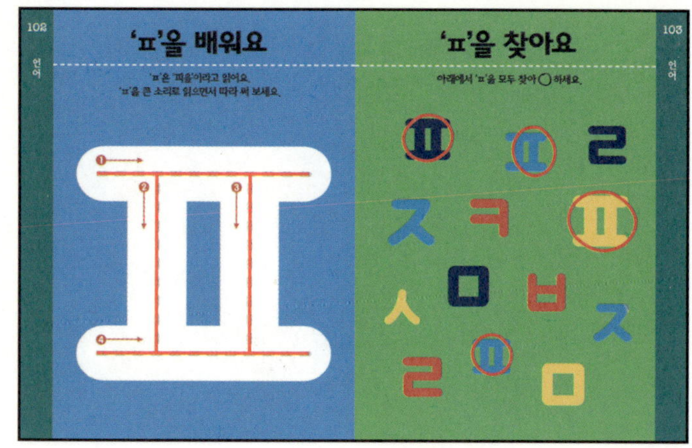
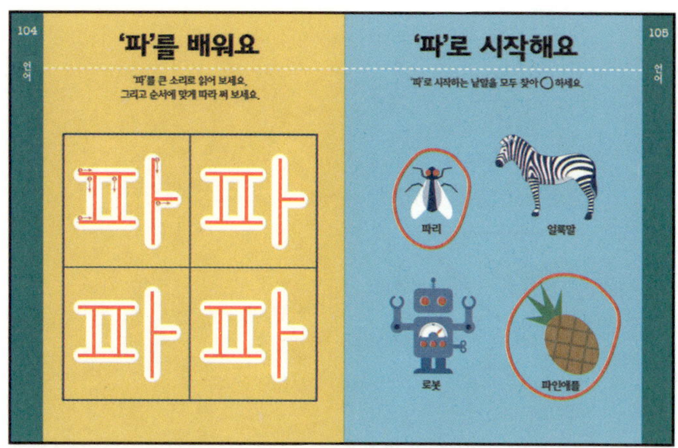

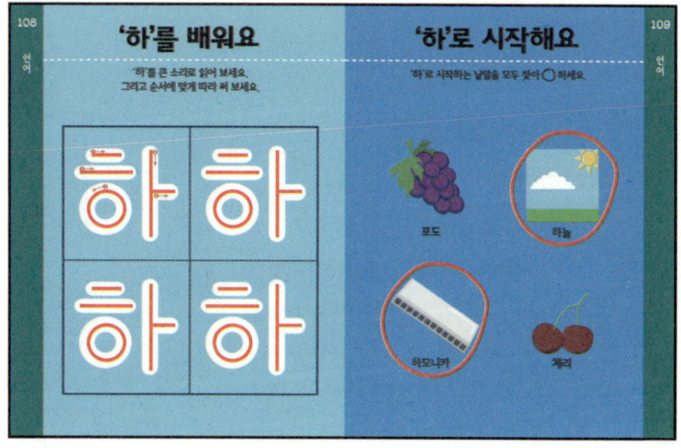
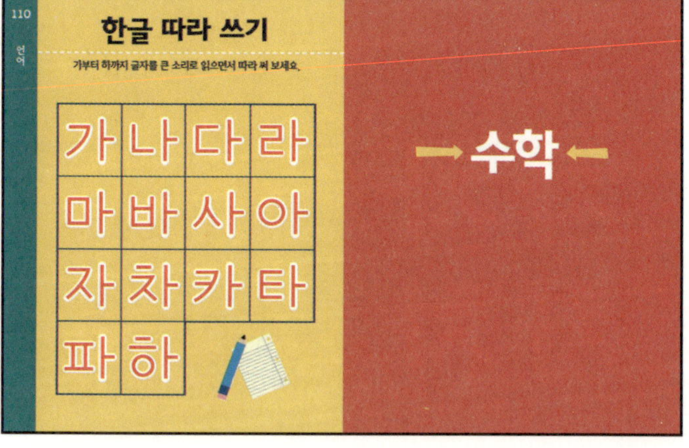
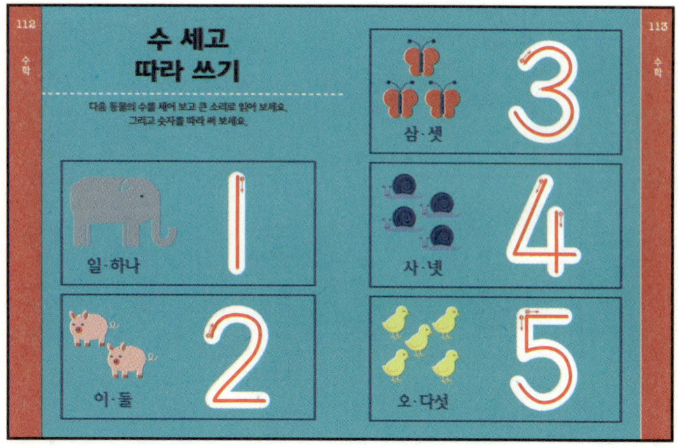
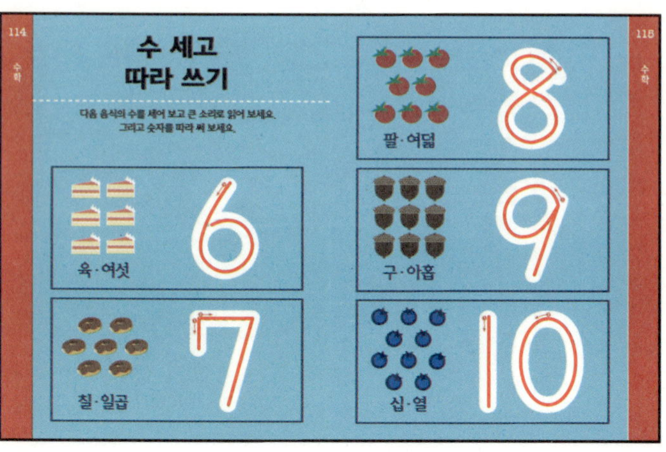

정답

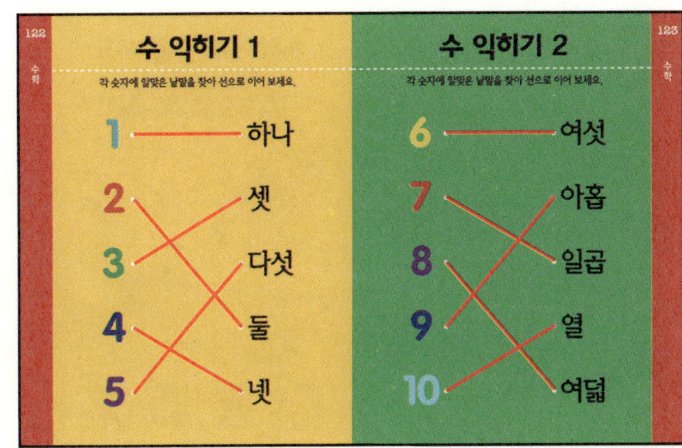

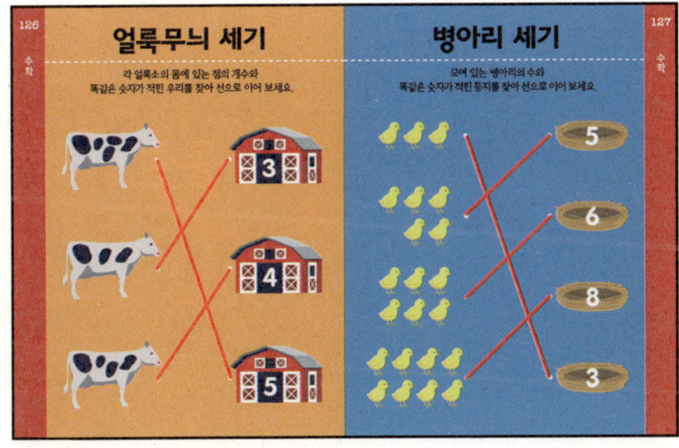

116
원숭이를 세어요
돌을 세어요
117
1 2 3 4 5
6 7 8 9 10

118
집게발을 세어요
같은 수를 찾아요
119
2 4 6 8

120
꿀벌 수를 세어요
3개씩 사요
121
3 5 7 9

122
수 익히기 1
수 익히기 2
123
1 하나
2 셋
3 다섯
4 둘
5 넷
6 여섯
7 아홉
8 일곱
9 열
10 여덟

124
수 크기 비교하기
생일 케이크 찾기
125
5 8 10 6 9

126
얼룩무늬 세기
병아리 세기
127
3
4
5
5
6
8
3

128
몇 마리일까요?
초 개수 세기
129
2
5
3
6

130
장난감 개수 세기
동전 개수 세기
131
5 4
3
미소 나라
지나 현아

정답

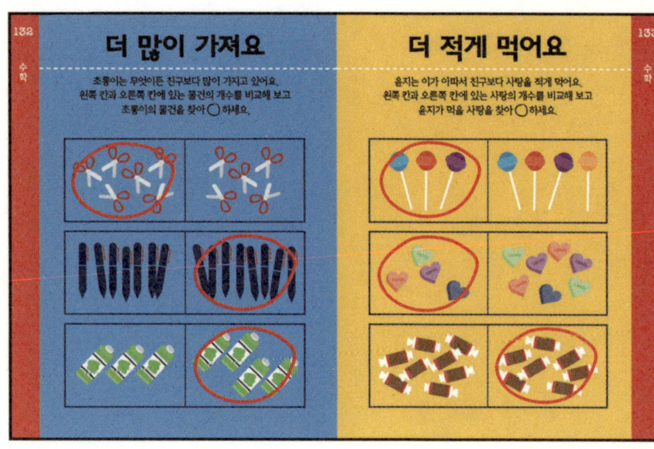

132 수학
더 많이 가져요
초롱이는 무엇이든 친구보다 많이 가지고 있어요.
왼쪽 칸과 오른쪽 칸에 있는 물건의 개수를 비교해 보고
초롱이의 물건을 찾아 ○ 하세요.
133 수학
더 적게 먹어요
윤지는 이가 아파서 친구보다 사탕을 적게 먹어요.
왼쪽 칸과 오른쪽 칸에 있는 사탕의 개수를 비교해 보고
윤지가 먹을 사탕을 찾아 ○ 하세요.

134 수학
어느 쪽이 더 많을까요?
각 사과나무에 사과가 몇 개 열렸는지 세어 보고
빈칸에 알맞은 숫자를 써 보세요.
사과가 더 많이 열린 나무의 동그라미에 색칠해 보세요.
4 개
5 개
135 수학
어느 쪽이 더 적을까요?
각 나무 위에 원숭이가 몇 마리 있는지 세어 보고
빈칸에 알맞은 숫자를 써 보세요.
원숭이가 더 적게 있는 나무의 동그라미에 색칠해 보세요.
2 마리
3 마리

136 수학
순서대로 출발해요
자동차에 쓰인 수가 작을수록 빨리 출발해요.
가장 먼저 출발하는 자동차에는 ○,
가장 늦게 출발하는 자동차에는 ✕ 하세요.
2
1
4
3
5
137 수학
차례대로 줄을 서요
무당벌레들이 일렬로 줄을 서 있어요.
점의 개수가 적은 것부터 많은 것 순서로 줄을 섰어요.
아래에서 사라진 무당벌레를 찾아 ○ 하세요.
?

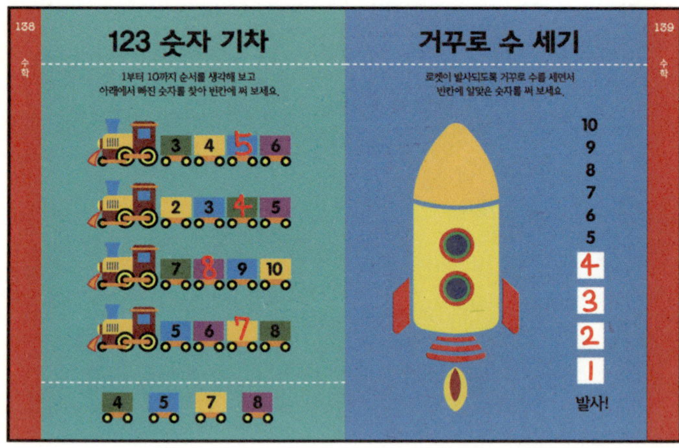

138 수학
123 숫자 기차
1부터 10까지 순서를 생각해 보고
아래에서 빠진 숫자를 찾아 빈칸에 써 보세요.
3 4 5 6
2 3 4 5
8 9 10
7 8
4 5 7 8
139 수학
거꾸로 수 세기
로켓이 발사되도록 거꾸로 수를 세면서
빈칸에 알맞은 숫자를 써 보세요.
10 9 8 7 6 5 4 3 2 1
발사!

140 수학
인형은 얼마일까요?
재주는 인형을 사러 장난감 가게에 갔어요.
아래에서 인형을 살 수 있는 동전의 개수만큼 ○ 하세요.
400원
100 100 100 100 100 100
동물

142 동물
가장 빠른 동물
동물 중에는 자동차보다 더 빨리 달리는 동물도 있고
아주 느리게 기어 다니는 동물도 있어요.
다음 중 가장 빨리 달리는 동물을 찾아 ○ 하세요.
143 동물
하늘을 나는 동물
날개가 있는 동물은 하늘을 훨훨 날아다녀요.
다음 중 하늘을 날 수 있는 동물을 모두 찾아 ○ 하세요.

144 동물
헤엄치는 물고기
물고기는 지느러미를 이용해 바다에서 헤엄을 쳐요.
다음 중 물고기를 모두 찾아 ○ 하세요.
145 동물
털이 있는 동물
아래 동물 중에서 털이 있는 동물에는 모두 ○,
털이 없는 동물에는 모두 ✕ 하세요.
악어
호랑이
북극곰
닭
고래
부엉이

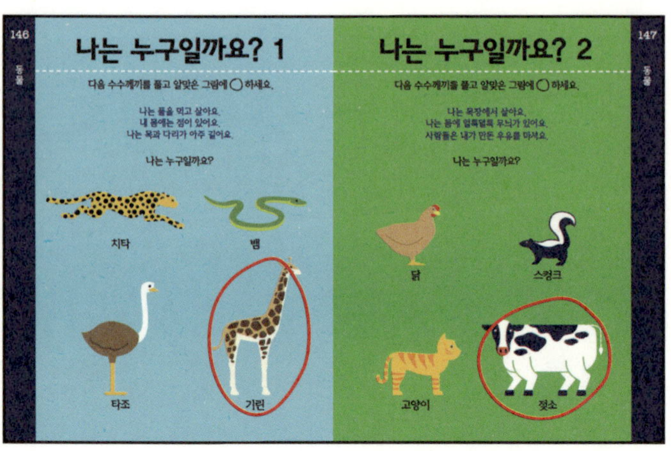

146 동물
나는 누구일까요? 1
다음 수수께끼를 풀고 알맞은 그림에 ○ 하세요.
나는 풀을 먹고 살아요.
내 몸에는 점이 있어요.
나는 목과 다리가 아주 길어요.
나는 누구일까요?
치타
뱀
타조
기린
147 동물
나는 누구일까요? 2
다음 수수께끼를 풀고 알맞은 그림에 ○ 하세요.
나는 목장에서 살아요.
나는 몸에 얼룩얼룩 무늬가 있어요.
사람들은 내가 만든 우유를 마셔요.
나는 누구일까요?
닭
스컹크
고양이
젖소

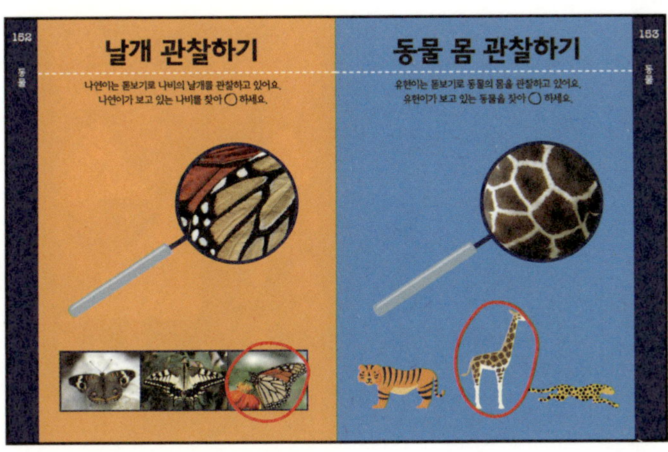

정답

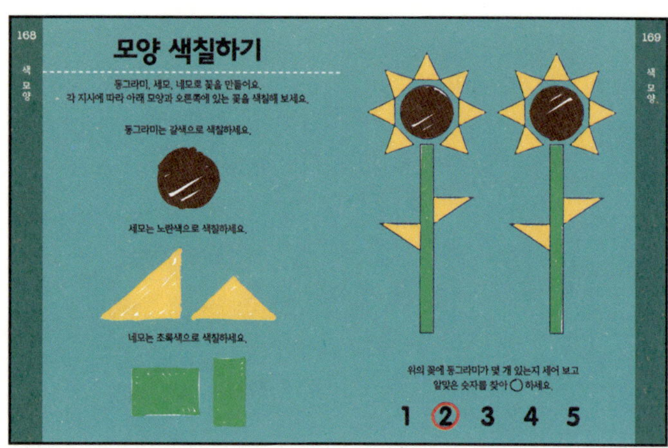

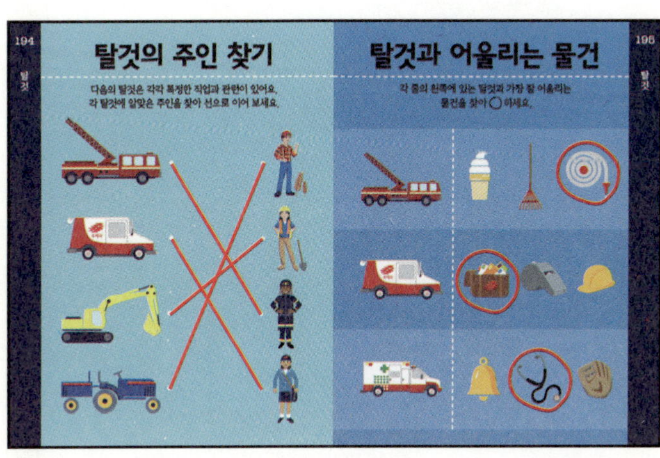

정답

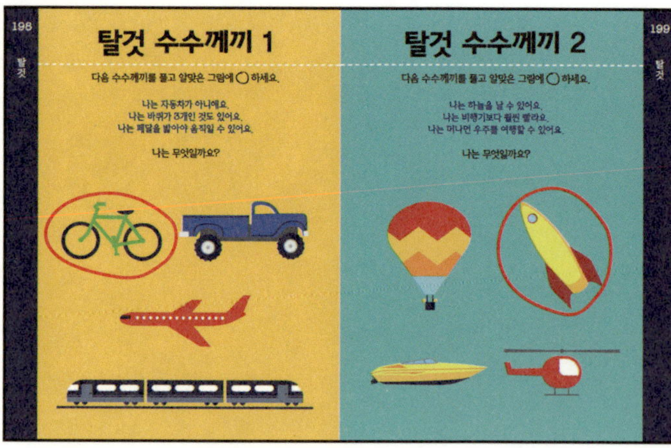

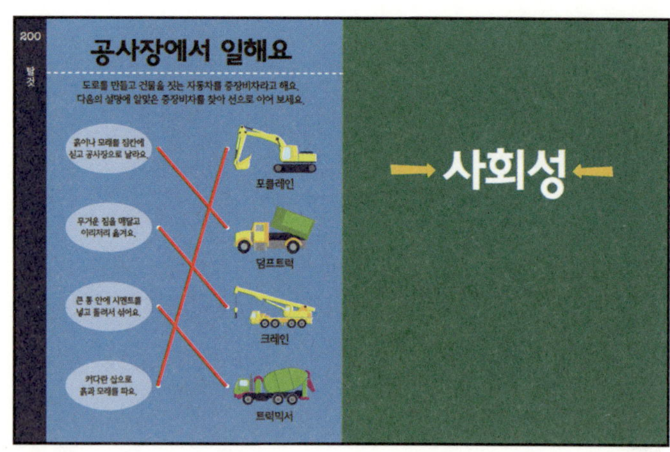

참 잘했어요

이름 : ________________________

날짜 : ______년____월____일